# 「分かりやすい文章」の技術　新装版

## 読み手を説得する18のテクニック

藤沢晃治　著

ブルーバックス

カバー装幀／五十嵐 徹（芦澤泰偉事務所）
カバーイラスト／タケウマ
本文イラスト／さくら工芸社・岩島雅樹
本文・扉・目次デザイン／齋藤ひさの

# はじめに

本書は、『「分かりやすい表現」の技術』『「分かりやすい説明」の技術』につづく「分かりやすい」シリーズの新装版第三弾です。シリーズとはいっても、もちろん前二作を先に読んで頂く必要は全くありません。

ありがたいことに本書の旧版は、二〇〇四年の初版刊行から現在まで版を重ね続けています。他の二作同様、時代に影響されない普遍的な内容のためでしょう。長きにわたって本書を支持してくださった読者の皆さまに厚く御礼申し上げます。

実は私の「分かりやすい」シリーズ三部作に対する講演、研修ご依頼の中でも、本書に関するご依頼が約七割を占めています。このことから、仕事でもプライベートでも「書く技術」が特に強く求められていることが分かります。これはどなたにも異論はないでしょう。

さて、「分かりやすい文章」を書ける人は、おおぜいの優秀な部下を持っているようなものかもしれません。たとえば、自部門の方針を他部門の人に説明してくるよう部下に命じたとしましょう。優秀な部下なら、あなたの部門方針を正確に、分かりやすく説明してきてくれるでしょう。しかし、不器用な部下だったら、部門方針を間違えて伝えるかもしれません。それどころか、そもそも説明下手で、何も伝わらず「あいつの説明を聞いたがよく分からん。何を言いたいのか説明してくれ」と部門長のあなたに電話が入るかもしれません。

ここで、もしあなたが「分かりやすい文章」を書く技術を持っていれば、多忙な部下の時間を奪う必要はありません。その分かりやすい文章で書いたメールを一斉送信したり、社内掲示板などにアップロードしたりすればよいのです。ご自身の部門方針を間違いなく社内に広く正確に伝えられるでしょう。つまり「書く技術」を持っていることは、優秀な部下を何人も持っているのと同じ効果があるのです。「分かりやすい文章」という自分のクローンのような分身が、あなたの意図通りに人に正確に伝えてくれるからです。あなたの有能な分身たちが、あなたの仕事を大幅に楽にしてくれるはずです。

文章には、大きく分けると小説やエッセイなどの芸術文と、意見、情報、研究成果などを伝達、発表する実務文の二種類があります。本書は実務文の書き方を述べたもので、余韻の残る名文を書くための本ではありません。

実務文には常に、はっきりとした目的があります。たとえば、生命保険更新の案内文は、間違いなく更新手続きをとってもらうことが目的です。つまり、実務文の「分かりやすい文章」とは、書き手の意図を読み手に分かりやすく伝え、確実に「目的を達成する文章」です。そして、

「分かりやすい文章」を書くことは、意外に簡単です。もしも、あなたが「分かりやすい文章」を書けないとしても、その理由は文才がないなどではありません。ちょっとしたコツを知らないだけなのです。

書店には、すでに多くの文章術の本があります。そこに私がもう一冊加えたかった理由は、高校生にも文章の書き方の教科書として理解できるような本を世に出したいと思ったからです。

私たちが普段、読み書きする文章のほとんどが実務文であるにもかかわらず、なぜか国語の授業では、巧みな心理描写や感動する芸術文を評価、鑑賞、作文するような授業ばかりでした。必要な連絡事項をどうしたら確実に伝えることができるか、といった実務文教育を受けた記憶がありません。世の中に何を言いたいのか分からない文章があふれているのは、そのためなのかもしれません。

したがって、本書はまず、高校生をはじめ、文章術の本を初めて読むような読者を想定しています。身近な机の上に置き、いつでも辞書のように使える本を目指しました。最初から順に読むことを前提とせず、必要なとき、必要な個所だけを斜め読みしてみてください。時間がないときには、第8章のチェック・リストと自分の文章を照らし合わせるだけでも構いません。それだけで、「今、まさに書いている文章」を大幅に改善できるヒントがすばやく得られるはずです。

今の時代、何か急に必要となった文章など、生成ＡＩに簡単に出力させることができます。しかしそうは言っても、つい誤解を生むような「分かりにくい文章」で生成ＡＩに指示してしまうこともあります。その結果、トンチンカンな文章を返されてしまいます。また、生成ＡＩが一見、分かりやすい文章を作ってくれても、なにかしっくりこないことも多いのではないでしょうか。自分自身、何が不満なのか、どこをどう直せばよいのか見えない違和感。こんなとき、ＡＩ作成の文章のどこをどう改善すべきかの指針を本書が与えてくれるはずです。なぜ、ＡＩ作成の文章に皆さんが不満なのかも見えてくるはずです。つまり、生成ＡＩの時代でも自前の文章術は必須なのです。

なお、旧版刊行後、約四半世紀にわたり「文章の技術」に関するかなりの量の講演、研修をこなしてきました。講演、研修で学ぶのは受講生の方々だけではありません。講師自身も講演、研修を重ねる度に、多くの新しい気づきを得ます。今回の新装版では、そうした気づきも反映し、かなりブラッシュアップさせていただきました。

また冒頭に書いた通り、本書は「分かりやすい」シリーズの第三弾です。口頭表現でも、文章表現でも、「分かりやすさの原理」には共通点が多くあります。そのため、本書には、前二作と重複する部分も一部含まれています。また前二作と同様に、世間では既に改善されている古い例も、説明上必要なものはあえてそのまま残しています。予めご了解くださるようお願いいたします。

是非、普段から本書を手元に置いてください。「目的を達成する文章」を書く力が飛躍的に向上するはずです。

藤沢晃治

## 第3章 趣旨を素早く伝える「構成の技術」

# 第6章　趣旨をスムーズに伝える「センテンスの技術」

# 第1章

# 「分かりにくい文章」がいっぱい！

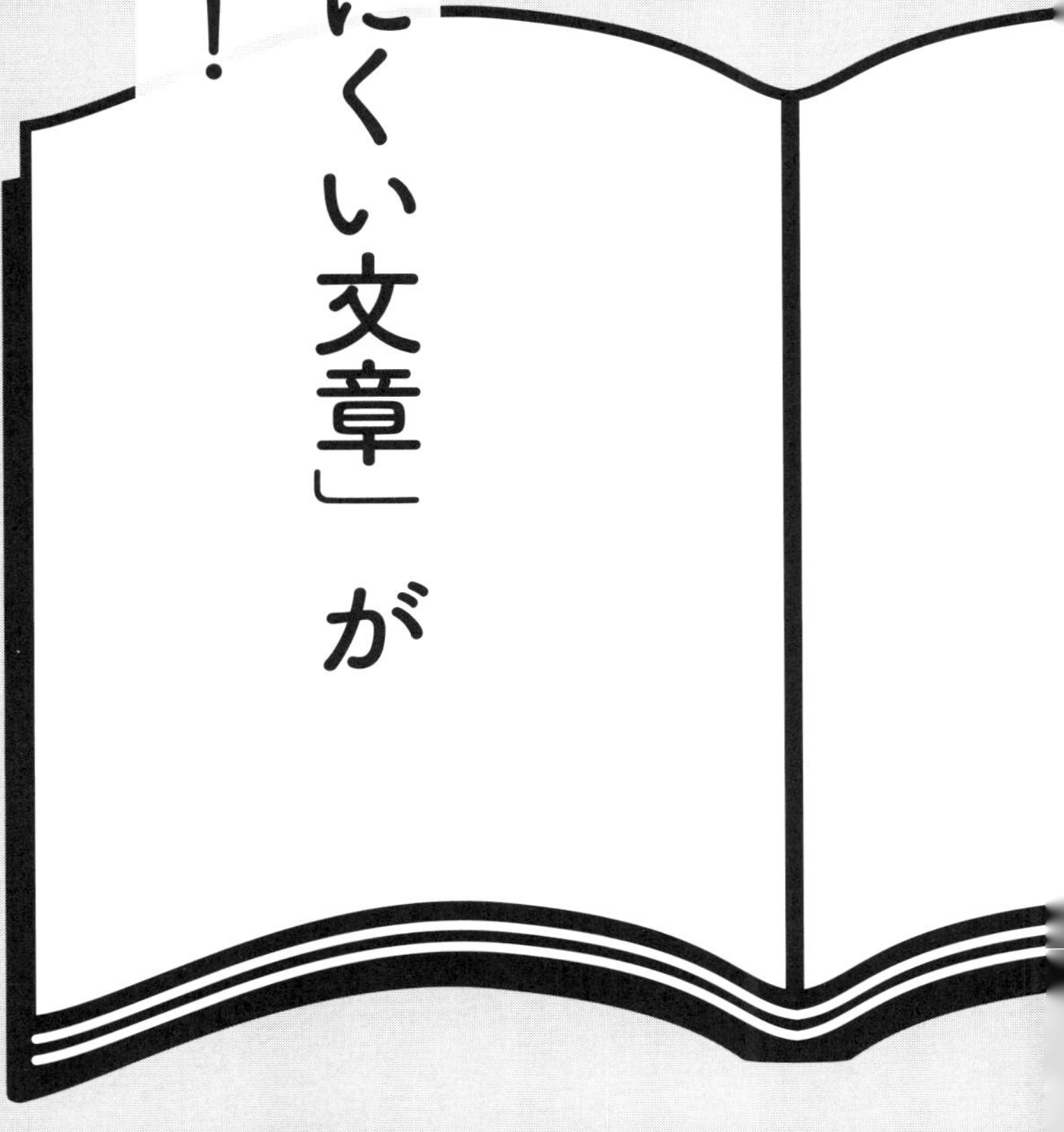

## ──真意が隠された文章

ネット・バンキングで自分の銀行口座の入出金を管理している方は多いでしょう。私が買い物代金をネット・バンキングで振り込もうとして、受取人の銀行名、支店名、口座番号、口座名義人名を入力し終えたとき、次のようなメッセージが表示されました。

お振込の受付時に、お受取人名などが正しく入力されているかの確認は行っておりません。

この文には、国語的な意味での「表現のまずさ」や「分かりにくさ」はありません。しかし、じつは肝心なことが書かれていない「分かりにくい文章」の典型なのです。

相手の気持ちを察し合う日本独特の文化で暮らしている私たちは、肝心なことをはっきり伝えなくてもコミュニケーションは支障なく進みます。

たとえば、時計屋さんで気に入った腕時計を腕に試着させてもらったところ、予想外に重かったので、あなたは店員さんに言います。「ちょっと重いんですけど……」

これは言葉足らずですが、日本ではごく普通の会話です。この場合あなたは「似たようなデザインで、もう少し軽いものはありませんか？」と言いたかったはずです。「軽いものはありませんか？」の理由に過ぎない「ちょっと重いんですけど……」だけを伝え、肝心なことは店員さんに察してもらうというコミュニケーションです。

私のパソコンに表示された先ほどのメッセージも、この「察し合う文化」に基づいた文章なのでしょう。

ネット・バンキングでは、送金者がパソコンから受取人の銀行名、支店名、口座番号、口座名義人名などを入力します。普通、ＡＴＭ機などでの振込では、指定された受取人の口座が本当に存在するかどうか、その場で確認されます。しかし、当時、私の銀行のネット・バンキングでは、入力された受取人の口座が本当にあるのかどうか、その場では確認されませんでした。たとえ私が振込先の口座番号を間違えて入力しても、ネット・バンキングは、この「振込依頼」を引き受け、しかも「依頼成立」として手数料を徴収するのです。

しかし実際に振込処理される瞬間になって、相手銀行にはその口座がありませんから、この振込依頼は拒否され、振込金額は私の口座へ戻されます。ところがこの場合、手数料は返金されません。銀行は実際に手数を掛けていますし、振込失敗の原因は私の不注意であって銀行のミスではありません。したがって手数料は返金しません――というのが銀行の言い分なのでしょう。

あの短いメッセージで銀行が利用者に伝えたかったことは、以上のようなことなのです。それなら、警告メッセージをたとえば次のように、肝心なことを正確に伝える「分かりやすい文章」にするべきではないでしょうか。

受取人の口座情報は正しく入力してください。

入力された受取人口座が送金先の口座と一致するかどうかの事前確認はしておりません。誤って入力された場合でも、振込のご依頼自体は成立し、振込金額は後日、返金されますが、手数料が発生します。

銀行の意図が利用者に正確に伝わらなければ、結局、入力ミスで手数料を取られて怒った利用者から、抗議の電話が殺到するでしょう。

「察し合い」に甘えた説明は、あとで必ずツケが回ってきます。意図を伝える説明文の作成段階から汗をかいておけば、後で楽もできるのです。

## ――読んでもらいたくない（!?）文章

世の中には、意識的に分かりにくくする文章もあるのかもしれません。たとえば次に紹介するのは、ある企業の謝罪広告ですが、読んでもらいたくない、理解されたくないと思っている文章にしか見えません。

当社（旧商号「○○○○○株式会社」）は、新たな□□□□機に係わる電気通信役務の契約を締結する一般消費者に対する「△△△△△」の商標を付した□□□□機のうちカメラ付き□□□□機の新機種及び売れ筋機種の茨城県、栃木県、群馬県、埼玉県、千葉県、東京都、神奈川県、山梨県及び長野県の区域における販売に関し、取引先代理店から仕入れて小売販売を行う販売店に対し、店頭又はチラシ広告において○○○○株式会社が一般消費者に対する販売価格の目的として定めた参考価格又は想定価格と称する価格を表示するようにさせていた行為が、独占禁止法に違反するとして、令和六年×月×日、公正取引委員会から審決を受けました。

こんな文章では、文字面《もじづら》を見ただけでウンザリし、読もうという意欲もわきません。とくに注目して欲しいのは句点（。）で終わる一つの文の長さが、二八〇字以上もあるという点です。違法行為を認め謝罪することを伝えるつもりなどまったくなく、むしろ読んでもらえないほうがありがたいに違いありません。

きっと、次のような「分かりやすい文章」では、かえって都合が悪いのでしょう。

> 当社（旧商号「〇〇〇〇〇株式会社」）は、一部地域の小売店に対して、一部の当社商品の店頭またはチラシ広告に掲載する販売価格を、当社の販売目標価格と同じにするようにさせていました。
>
> その商品は「△△△△△」の商標を付したカメラ付き□□□機の新機種及び売れ筋機種。地域は茨城県、栃木県、群馬県、埼玉県、千葉県、東京都、神奈川県、山梨県及び長野県です。
>
> この行為が独占禁止法に違反するとして、令和六年×月×日、公正取引委員会から審決を受けたことをお知らせします。

**読んでもらいたくない（!?）文章**

生命保険の契約書の裏に小さな文字でビッシリ書かれた保険約款も同様です。

「○○の場合は支払いません。△△の場合は支払いません。××の場合は支払いません。」契約の署名、捺印の前にお客様に読んで理解されては困る文章がビッシリと書かれているからです。

もしも、これが大きく読みやすく書かれていたら、お客様が契約をためらってしまうでしょう。

これらの文章がわざと分かりにくくされているのなら、こんな文章が書ける人は、逆にその気になれば「分かりやすい文章」が書けるのかもしれませんね。

## ――「分かりやすさ」を無視した文章

お役所の文章は正確さだけが追求され、分かりやすさは度外視されているようです。ところが、分かりにくいために、結果として不正確に読まれてしまうのは何とも皮肉です。

前々作の『「分かりやすい表現」の技術』で、年末調整申告書に書かれた「分かりにくい」文章を紹介しました。刊行からしばらく経ちますが、相変わらず次のような説明文があります。

> 損害保険料控除の対象となる損害保険料とは、あなた又はあなたと生計を一にする親族の家屋で常時その居住の用に供しているものや、これらの人の生活に通常必要な家財を保険又は共済の目的とする損害保険契約、火災共済契約などの損害保険契約等又はこれらの人の身体の傷害に基因して保険金や共済金が支払われる損害保険契約等、あるいはこれらの人の身体の傷害若しくは疾病により入院して医療費（医療費控除の対象となるものに限ります。）を支払ったことに基因して共済金が支払われる損害保険契約等に基づき、あなたが本年中に支払った保険料や掛金をいいますから、損害保険会社等が発行した証明書類などによって、控除の対象となるものかどうかを確認してください。

『「分かりやすい表現」の技術』を世に出してから、世間では気のせいか、分かりにくい表現が改善されつつあるように思います。しかし約三〇〇字がひとつながりのこの文章は、「給与所得者の保険料控除申告書　兼　給与所得者の配偶者特別控除申告書」の裏面にしぶとく生き残っています。

## ――短くても分かりにくい文章

長めの「分かりにくい」文章を二つ紹介しましたが、もちろん短い文章でも分かりにくいことがしばしばあります。

たとえば次の文章をすっと読んだら、あなたはとっさにどのように解釈しますか。最初に紹介したネット・バンキングの警告文とはまた違った意味で分かりづらい文章です。

> 佐藤さんと鈴木さんの息子さんに会った。

この文章は三通りに解釈できてしまいます。

**解釈❶　佐藤さんと二人で、鈴木さんの息子さんに会った。**

**解釈❷** **佐藤さんと鈴木さんお二人の、それぞれの息子さんに会った。**

**解釈❸** **佐藤さんと、鈴木さんの息子さんのお二人に会った。**

さらに、第四の解釈すら可能です（二人の関係はともかく）。

**解釈❹** **佐藤さんと鈴木さんの間に生まれた息子さんに会った。**

この文章が伝えようとしたのは、三つ（四つ？）の解釈のうちのどれなのでしょうか。注意深い読み手なら迷ってしまいますし、読み流せば間違って解釈してしまう可能性があります。

——これらの文章はなぜ「分かりにくい」のでしょう。一方、書き換えた文章は、どうして「分かりやすい」のでしょう。そもそも「分かりやすい文章」とはどんな文章なのでしょうか。

次の章で、まずその点をはっきりさせましょう。

第2章

# 「分かりやすい文章」とはどんな文章か

## ――脳内関所

認知心理学という学問があります。人間が外界からの情報にどのように気づき、解釈し、思考していくかを研究する学問です。その認知心理学の知識を借りて、「分かりやすい」という意味を考えてみましょう。

「分かりやすい」の前に、「分かる」とは、そもそもどういうことなのでしょうか。

認知心理学では、人間が外界からの情報を処理する際、情報が最初に処理される場所を短期記憶（一次記憶）と呼び、短期記憶で処理した情報が最終的にしまわれる場所を長期記憶（二次記憶）と呼んでいます。

短期記憶は、情報が一時的に通過するだけの場所です。記憶を保持できる時間は秒単位で、たとえば電話番号をメモしないで覚えていられる程度の時間です。記憶できる情報のサイズも小さく、文字にして一〇文字程度です。

短期記憶では外部からの情報をチェックし、長期記憶にしまわれている過去の記憶と比較して同じものを探したりする作業が行われます。そこで私は、短期記憶を分かりやすく「脳内関所」と呼んでいます。目から入ってくる文章も、最初にこの脳内関所で審査を受けることになります。

## ――脳内辞書

短期記憶で意味が決定された情報は、長期記憶に送られます。長期記憶は、短期記憶とは逆に、記憶できる容量はほぼ無限大です。また記憶を保持できる時間も、フランスの首都の名前をいつまでも覚えていられるように、ほぼ永遠です。

本書では長期記憶を、分かりやすく「脳内辞書」と呼びます。

脳内関所で意味を確定された情報は脳内辞書に送られ、その意味に一致する項目に追加されるのです。本物の辞書では、一つの単語に「例文」がたくさん収録されています。同じように脳内辞書の一つの登録項目にも、同じ意味の情報（例文）がいっぱい収録されているのです。

脳内辞書は何種類もあると考えてください。「車の運転の仕方」「好きな歌の歌詞」「日本史の知識」「最近の経済動向」など大きなカテゴリー別にたくさんの脳内辞書があり、それぞれ「意味別」に項目が並んでいます。

脳内辞書には人生経験から得られた教訓が載っているものもあります。たとえば、「窮《きゅう》鼠《そ》、猫を嚙む」とか「二兎《と》を追う者は一兎をも得ず」のような項目が登録されている脳内辞書です。

## ——脳内辞書に登録された瞬間が「分かった！」

新しい情報は脳内関所で審査され、同じ種類の脳内辞書に収められます。その瞬間に私たちは「分かった！」「そういう意味ね！」と思うのです。

つまり、「過去の記憶との一致」が「分かる」の重要な要素の一つなのです。自分にも経験のある話を聞くと、すぐに「そう、そう！　あるある！」と理解でき、深く共感するのは、過去の体験との一致を強く感じるからです。

比喩で分かりやすくなるのも同じ理由です。体験している、あるいは知っている事柄にたとえることで、新しい情報をどの脳内辞書の、どの項目に収めるべきかを指示しているからです。脳内関所での辞書探しの手間が減る分、登録する瞬間、つまり「分かった！」の瞬間が早くやってくるのです。

反対に新しい情報を脳内関所で分析しても、脳内辞書に「同じ意味のグループ」を発見できない場合は、当然「分からない」ことになります。

認知障害や記憶障害を専門とする医師・山鳥《やまどり》重《あつし》氏は、この「過去の記憶との一致」を認識できない脳障害患者を紹介しています。その患者は、見ている物を正確にスケッチすることはでききるのですが、描いた物がなんであるかを理解できないのだそうです。その人は、過去の記憶との一致を確認できないので「分かる」ことができないのです。

つまり「分かりやすい」とは、外界からの情報が「脳内関所での審査が楽で、脳内辞書内の一致する項目を見つけやすい」ということです。

したがって、分かりやすい文章を書くには、脳内関所の内部で、どのように辞書引きの作業をしているのかを知っておくことが大切です。

それでは、脳内関所での実際の作業を見ていきましょう。

## ――脳内関所の作業

脳内関所での作業項目を大きくまとめれば、次の五段階になるでしょう。

**作業❶　脳内辞書を一冊選ぶ**
**作業❷　情報を分解する**
**作業❸　情報を整理する**
**作業❹　情報の意味を決定する**
**作業❺　情報の論理性をチェックする**

五段階の作業を詳しく見てみましょう。

**作業①　脳内辞書を一冊選ぶ：入ってくる情報に応じて、たくさんある脳内辞書の中から該当項目がありそうな一冊を選ぶ作業です。たとえば日本史の情報が入ってきたら、運転技術の辞書ではなく、日本史情報の辞書を選びます。**

すぐには辞書を決定できず、作業②「情報を分解する」や③「情報を整理する」を繰り返しながら決める場合もあります。しかし、いったん辞書が決まれば、同じテーマの情報が流れてくる間は、この作業①は省略されます。

メールの題（Subject）や本や新聞の見出しは、この最初に行う「どの辞書を選ぶのか」という脳内関所の作業を助けているのです。逆に言うと、分かりにくい文章は、脳内関所が辞書を決定できないまま作業②や③をさせられるので、混乱するのです。

**作業②　情報を分解する：情報の分解作業です。小さくて狭い脳内関所で処理しきれないような大きなサイズの情報は、処理できるように適当な大きさの「ひとかたまり」に分解します。**

たとえば「5484965734」という一〇桁の数字は、脳内関所のサイズぎりぎりなので扱いにくく感じます。しかし電話番号のように「548-496-5734」とハイフン（-）でかたまりのサイズを小さくしてやると、脳内関所は扱いやすくなります。

「意味」という原石を捜す作業

**作業③　情報を整理する：情報整理・構造分析**で、脳内関所のいちばん中心的な作業です。入ってくる情報に対し、無駄をカットしたり、同じ種類をまとめたり、情報の対応関係を発見したり「意味を失わない範囲で」情報の構造を徹底的に単純化します。泥や砂利の中から宝石の原石を取り出すような作業です。この整理段階で泥や砂利を取り除くことが不十分だと「誤解」というミスが発生します。

文章を読んでいるとき「一体、何が言いたいんだろう？」と考える気持ちがこの「情報整理・構造分析」作業です。この作業を経て、「つまり、書き手の言いたいことは、○○ってことか！」となるわけです。

**作業④** **情報の意味を決定する：最終的な意味の決定です。脳内辞書を引いて、作業③で整理されて単純化された情報の意味と同じ項目を探します。それがみつかったときが、私たちが実感する「意味が分かった」という瞬間です。**

**作業⑤** **情報の論理性をチェックする：ある文章の意味が作業④までで理解できたとき、その内容が理にかなっているかどうかをチェックします。不合理と判定されれば、「腑《ふ》に落ちない話」「非論理的な話」「納得できない話」として、その情報は拒絶されます。**

作業④まで通過した情報でも、作業⑤の審査で不合格にされた情報は、「書いてある意味は分かったけれど、主張が間違っていると思う。納得できない」ということになります。つまり説得力のある文章ではないことになります。

文章に説得力がなければ、「目的を達成する文章」ではありません。読み手を目的通りに動かせるような説得力のある文章を書くためには、この作業⑤の論理審査を意識することが大切です。

### ――「点の理解」と「線の理解」

文章で「分かる」という場合、二つの意味があります。次の文章で考えてみましょう。

知事は傲慢《ごうまん》です。自分の施政方針が唯一絶対と思い込み、異なる意見に耳を貸しません。このような知事が独断的に始めようとしている今度のプロジェクトを、われわれ議員は支持すべきではありません。

この文章が「何を言っているのか分からない」ということはありません。つまり、脳内関所の作業④「意味の決定」までは順調に行われます。

では、この文章の意味を分かった読み手は、この文章が主張する「プロジェクトを支持すべきではありません」に必ず賛成するでしょうか？　そうとは限りません。読み手は、この文章の「意味」を正しく理解しても、その「意見」に同意するとは限らないのです。

知事が傲慢だからこそ、知事に逆らうような態度を取ると後々怖い、プロジェクトは支持した方がいい、と感じる読み手もいるかもしれません。あるいは、知事は傲慢ではないと思う議員だっているかもしれないのです。

この本では「分かりやすい文章」の定義の一つに「目的を達成する文章」を挙げました。この定義に当てはめると、読み手が「プロジェクトを支持すべきではありません」という意見に同意しなければ、この文章は「分かりにくい」ことになってしまいます。

この文章の意見は、「知事は傲慢」だから「プロジェクトを支持することはよくない」という主張です。「知事は傲慢」を「A」、「プロジェクトに反対」を「B」に置き換えてみましょう。すると「AだからB」、つまり「A→B」という因果関係の主張です。

このとき「A」や「B」の意味を個別に「分かる」ことを「点の理解」と呼ぶことにします。

一方、読み手が「知事は傲慢だからプロジェクトを支持することはよくない」という意見に同意するという意味で「分かる」ことは「因果関係」です。記号「A→B」で言えば、矢印「→」の部分の因果関係を正当だと判断、同意し「分かる」ことです。これを本書では「線の理解」と呼ぶことにします。

つまり、私たちの「分かる」には「点の理解」と「線の理解」の二つがあるのです。

したがって、文章で説得するには二段階の努力が必要になります。

まず、読み手に「点の理解」をさせる必要があります。とにかく「言っていることは分かる」までは到達してもらわなければなりません。

そして「点の理解」に成功したら、次のステップで「線の理解」を狙います。そこで初めて読み手に「そうそう、その通り！」と、あなたの主張に納得、同意してもらえるのです。

あなたの主張を読んだ人が、その意見に同意してくれないのは、第一段階の「点の理解」「意味を分からせる」ことに失敗しているか、第二段階の「線の理解」「因果関係に同意させる」ことに失敗しているかのいずれかなのです。

## ――脳内関所の作業負担が軽いと「分かりやすい」

さて、ここで、「分かりやすい文章とは何か?」をもう一度考えてみましょう。

分かりやすい文章とは、この脳内関所で行われる作業①〜⑤を、書き手ができるだけ事前に代行処理し、読み手の脳内関所の作業負担を軽くしてあげる文章のことなのです。

文章によってある意図を伝えたい場合、書き手は「整理して書く作業」、読み手は「読んで解釈する作業」をします。逆に書き手が手を抜けば、その分だけ読み手の作業負担が増え、分かりにくい文章となります。書き手がよく整理して書けば、読み手の作業負担は減り、分かりやすい文章となります。それが「分かりやすい文章」と「分かりにくい文章」の分かれ目なのです。

## ――概要が先に示されると「分かりやすい」

繰り返しますが、読み手の脳内関所の作業負担を軽くすることが「分かりやすい」ことになります。

先に紹介した医師・山鳥重氏によれば、動物の脳と比較した場合、人間の脳を最も特徴づけるのが前頭葉の「前頭前野」と呼ばれる部分だそうです。人間が生きていくうえで、まず「大きな脈絡を理解する」ことが必要で、この前頭前野がその働きを担っているのだそうです。

自分の見てきた風景をスケッチで説明する状況を考えてみましょう。

たとえば並木道のスケッチを描く場合、画用紙上に、まず風景のおおよその配置図を描くでしょう。遠くの山々、斜めに走るおおまかな道筋、そして道の両脇に等間隔に植えられている並木の位置をスケッチしていくはずです。

こんなときには、真っ白な画用紙にいきなり、樹木のある葉の一枚だけを正確に描き始めるようなことはしないはずです。

人間が物事を理解しようとするときは、まず概要を理解し、その後でないと詳細を理解することはできません。脳内関所の最初の仕事が脳内辞書選択だというのは、そういう「理解の順序」があるからなのです。

同様に、文章を書く場合、「概要理解が先」で、「詳細理解は後」という人間の自然な理解の順序に配慮しましょう。こうした自然な理解の順序を無視して、いきなり詳細なことから書き始めてはいけません。

## ――「分ける」が「分かりやすい」の原点

脳内関所の作業②「情報を分解する」と、作業③「情報を整理する」から分かるのは、「分ければ、分かりやすい」という大原則です。情報を「分けて」脳内関所に送ってやると、この二つの作業の負担が減るからです。

ちなみにこの原則は、私の文章術での基本理念です。

「消化のいい食品」と「分かりやすい文章」とは似ています。食品は人体に栄養を与えるもので、文章は読み手に情報を与えるものです。人体に素早く栄養が吸収されるのが「消化のいい食品」で、脳に素早く情報が吸収されるのが「分かりやすい文章」です。

栄養を吸収しようとするとき、人体は「消化」という作業を行います。同様に、人が文章から情報を読み取ろうとするとき、脳は「解釈」という作業を行います。

栄養でも情報でも、人体が行うこれらの作業負担が小さいほど素早く吸収されるわけです。作業量が小さければ、作業の終了がそれだけ早くなるから当然です。

消化器官では、大きなかたまりのデンプンを小さなかたまりの糖類にまで分解します。同様に、大きなかたまりのタンパク質を小さなかたまりのアミノ酸に分解し、腸で吸収します。

消化器官が行うこの「分解」という作業を、あらかじめ食品に対して済ませておいたらどうでしょう。たとえば長時間煮込むなどという調理を行うと、この「分解」が起こります。通常なら消化器官が行う「分解」という作業が、食べる前に一部済まされているわけです。こうすれば消化器官の作業量が減り、当然、それだけ吸収が早くなるわけです。

文章もまったく同じです。脳内関所も作業②で情報を「分解」します。したがって、文章内の情報も事前に小さく「分解」されていると、脳内関所の作業が減り、意味を吸収しやすく、「分かりやすい文章」になります。

日本語の「分ける」と「分かる」が似ているのは偶然ではありません。「分ける」は「分かりやすい」の原点なのです。

## ――文章は曖昧

私は、コンピューター・ソフトウェア業界に身を置いています。いわゆる、プログラミング言語には、学生時代から馴染《なじ》んできました。

プログラミング言語とは、コンピューターに指示するための言語です。

コンピューターに、処理して欲しい仕事の指示をプログラミング言語に翻訳するのがプログラ

曖昧なのが文章の特徴

マーです。プログラムという文章を書くという点で、プログラマーも一種の書き手です。

　私も豊富なプログラマー経験があります。そして、もちろん自然言語の日本語でも文章を書いています。

　プログラム言語と日本語という二種類の言語で書いていて気づいた、日本語の文章の特徴があります。以下、「文章」とは日本語で書かれた文章、「プログラム」とはプログラミング言語で書かれた文章を意味します。

　プログラムと比較すると、第一に挙げられる文章の特徴は、曖昧《あいまい》さに満ち満ちていることです。

　もちろん、芸術文ならば、そのことは障害になるどころか、モヤモヤとした情緒的世界を表現するには、むしろ適した特徴でしょう。しかし、明確に意図を伝えて目的を確実に達成したい実務文では、困った特徴です。曖昧さは目的達成の障害になるからです。

プログラムでは、曖昧さは厳密な意味でゼロです。そもそもプログラミング言語の文法自体が、曖昧には書けない仕組みになっているからです。その意味でプログラミング言語は数式に似た特徴を持っています。

それに比べて文章には曖昧さがつきまといます。その例を第1章でも紹介しました（23ページ参照）。

佐藤さんと鈴木さんの息子さんに会った。

文章には厳密なルールがないので、こんな単純で短い文にも、曖昧さが入り込んでしまいます。この文章は三つないし四つの異なる意味に解釈できてしまうのでした。

このように、文章と曖昧さはとても仲良しです。ガソリンが炎を引きつけるように、文章は、すぐに曖昧さの炎を引きつけます。文章を書くとき、この点に注意しないのは、ガソリンの近くで煙草を吸うようなものです。すぐに誤解の炎に包まれて、その文章の本来の意味が焼失してしまいかねません。

## ――文章は非論理的

プログラムと比較すると、文章には、曖昧さの他にもう一つの特徴があります。

それは、論理的誤りに対する文章の寛大さです。かなりの量の論理的誤りが含まれていても、文章が読めないということはまったくありません。一応は、文章の体をなします。「ちょっと説得力に欠けるなぁ」という印象を与える程度です。

ましてや、微量な論理的誤りが含まれているだけなら、文章はビクともしません。

つまり、論理的誤りがかなり含まれている文章でも、たとえば社内での配布を禁じられるとか、出版を禁じられるとか、メール送信を拒絶されるといったことはありません。

一方、プログラムの論理的誤りに対する寛大さはゼロです。時々「○○銀行の全国のATMが四時間にわたり停止した」といったことが報道されることがあります。こんな場合、たいていプログラムの中のミスが原因です。しかも、たとえば一〇〇万行のプログラム中のたった一語のミスでも、このような重大事故を引き起こすことがあるのです。

一方、文章では、この論理的誤りに対する寛大さのせいで、世の中に説得力のない非論理的で意味不明な主張があふれているのでしょう。

## ──「斜め読み耐性」を持たせる

「はじめに」で、文章には芸術文と実務文があると書きました。芸術文と実務文とでは、そもそも用途が違います。しかし用途以外にも、とりわけ大きな違いが一つあります。

芸術文は、読み手が全文を必ず読んでくれるという前提で書くことができます。芸術文は味わうもので、最後まで読まなければ、「いったい何が言いたいんだろう?」の答えが分からないままでもよいのです。

しかし実務文は、全文を必ず読んでくれるという前提で書いてはいけません。斜め読みされたり、読むことを中途放棄されたりすることをも織り込み済みにする必要があります。実務文は、たとえ斜め読みされても書き手の意図が伝わらなければならないからです。

工業製品では、高い温度、水分、また強い衝撃にも耐えられるように設計すれば、頑強な製品になります。うっかり、濡れた手で操作しても、誤って床に落としても、問題なく働き続けてくれるでしょう。

同じように、文章の品質でも「文章強度」のような考え方が必要です。それを私は「斜め読み耐性」と呼んでいます。

斜め読み耐性を持つ文章は頑丈で、たとえ乱暴に斜め読みされても、情報を伝えるという役割は何とか果たしてくれる文章です。しかし世の中の多くの文章は斜め読み耐性を持たないので、すぐに潰れてしまい、使命を果たすことなく捨てられてしまうのです。

もちろん、斜め読みや中途放棄されない工夫も重要です。そのためには、読み手に一時《いっとき》でも「いったい何が言いたいんだろう？」という疑問を持たせてはいけません。ましてや文章の最後までこの疑問を持たせ続けることなど、実務文としては最悪です。

## ――同意を「求める」文章か「求めない」文章か

世間にはいろいろな実務文があります。新聞記事のような事実を伝える文章。取扱説明書のような操作方法を教える文章。新聞の読者投稿のような意見、主張を伝える文章。ＳＮＳなどで意見を表明する文章。論文のような研究成果を伝える文章。友達どうしが飲み会に誘うＬＩＮＥのメッセージ。自社製品の優秀性を訴え、購入を勧誘する広告文。新しい事業計画を説明する企画文書。

――以上、いろいろありましたが、よくよく考えてみると、実務文は二種類に分けられます。

それは「同意を求める文章」と「同意を求めない文章」です。

巧みな「同意を求める文章」を読んだ人は、書かれてある内容に同意し、書き手と同じ意見になります。つまり、書き手に「説得された」ことになります。よい広告文を読んだ消費者は、その製品の優秀性に関して、書き手に説得され、その商品を買いたくなるでしょう。新製品のアイデアの企画書がよければ、役員会議でその製品開発が承諾されるでしょう。

一方「同意を求めない文章」では、読み手は書かれている内容を正しく理解できればよいわけです。たとえば新聞記事で、ある高速道路での大事故を報道した場合、読者を「説得」したりする必要はありません。事故の様子をよく理解してもらえればよいのです。取扱説明書も操作方法を伝えているだけで、読み手を説得したり、読み手に同意を求めたりはしません。

つまり、成功する文章には二種類あることが分かります。

「同意を求めない文章」が成功するには、書き手の「意図の正しい伝達」だけでよいことになります。しかし「同意を求める文章」が成功するには、これに加えて、「説得での成功」も必要になります。

文章を書くとき、それが芸術文なのか実務文なのか、また、実務文なら、「同意を求めない文章」なのか「同意を求める文章」なのかを意識することが必要です。文章のタイプを意識して書くのと何も考えずに書くのとでは、できあがりに大きな差が出てきます。

## ――「分かりやすい文章」を書くための五つの技術

さて、ここまで「分かりにくい文章」の実例を挙げ、そもそも「分かりやすい」とはどういうことかを考えてきました。そこで、どんな文章が「分かりやすい」のかを定義してみました。

それでは、どうすればその「分かりやすい文章」が書けるのでしょう。

本書では次の五つの文章術を紹介します。

**技術❶　構成の技術（分かりやすい文章構成で趣旨を素早く伝える）**
**技術❷　レイアウトの技術（ポイントを強調したデザインで趣旨をアピールする）**
**技術❸　説得の技術（論理的な主張で読み手の同意を得る）**
**技術❹　センテンスの技術（趣旨をスムーズに伝える）**
**技術❺　推敲《すいこう》の技術（文章をなめらかにする）**

それぞれは、さらにいくつかのテクニックに分けることができます。

以下、各技術ごとに一章を当てて詳しく見ていきます。

第3章

# 趣旨を素早く伝える「構成の技術」

## ――素早く趣旨を伝える三つのポイント

京都大学名誉教授だった長尾真氏によれば、日本人の英文論文が海外で認められにくいのは、英語の上手、下手ではなく、構成が問題なのだそうです。文章構成が下手で、一読しただけでは趣旨が伝わらないからだというのです。

論文などというと私たちには身近に感じられません。しかし、あなたが会社員で、画期的な小型プロジェクターの新製品発表会への招待文を、自社サイト上で公開したとしましょう。あなたの書いたその招待文が、一読しただけでは趣旨が伝わらなければ、閲覧者はすぐにそのページから離れてしまい、あなたの「論文」はボツになるのです。

どうしたら、すぐに趣旨が伝わる構成にできるのでしょうか。そのポイントは三つだけです。

**ポイント**

**❶ まず重要ポイントを書き並べる**
**❷ 要点を先に、詳細は後に書く**
**❸ 不必要な情報を書かない**

以下、一つずつ詳しく紹介していきましょう。

## テクニック1　まず重要ポイントを書き並べる

### ――「考えてから書く」か「書きながら考える」か

文章の書き方には、大きく分けて二つあります。

一つは「考えてから書く」方法です。書かなければならないこと、伝えたいことを整理し、メモ書きなどで構成を決めてから、おもむろに書き始める方法です。長めの文章、複雑な内容の文章を書くときは、こちらの手順を取る人がほとんどです。

もう一つは「書きながら考える」方法です。書きたいことのおおよそを頭の中に描いただけで、とりあえず書き始めます。メールなどの短い文章では、普通、こちらの手順が適しています。「書きながら考える」方法では、書き上げた直後の文章は未整理で、そのままでは他人様《ひとさま》には読んでもらえないことが多いものです。しかし短い文章なら、この方法でもちょっと手直しすれば「分かりやすい文章」にできます。

## ――ポイントから書いていく

　しかし、長い文章でも「書きながら考える」方法がよいこともあります。

　書きながら考えることの第一の利点は、書き出せないままに時間がだらだらと過ぎていくのを防げることです。考えを整理してから書こうとすると、なかなか書き出せないものです。「とりあえず書き出す」という一歩を踏み出すことに大きな意義があります。

　もう一つの利点は、「書く」ことが「考える」ことを刺激してくれることです。書き始めると、書き出す前には思いもよらなかった良いアイデアが湧いてくるものです。

　とくに肉筆ではなくタイピングの場合は「書きながら考える」のに適しています。思いつくポイントを箇条書きにし、それをつないだり、順序を入れ替えたり、書き加えたりしていくうちにまとまってきます。

　たとえば私が本書の「はじめに」で書く前に思い描いたのは次の四つのポイントです。

**・仕事でもプライベートでも「書く技術」の重要性が増している。**

**・文章には、芸術文と実務文の二種類がある。**

**・実務文は「目的を達成する文章」である。**
**・読み書きするのはほとんどが実務文なのに、学校で実務教育を受けた記憶がない。**

この四つを書き並べ、肉づけしていったのです。
短い文章でも、この方法をとると、重要ポイントの書き落としが防げます。
たとえば「歓送迎会のお知らせ」を書く場合には、

**・藤沢晃治さんの送別会のお知らせ**
**・五月二〇日　午後六時半より**
**・レストラン「ブルーバックス」にて**
**・会費五〇〇〇円**

まずこうした最重要ポイントを書き並べてしまい、それから会の趣旨や店の案内などを書き加えていくのです。

書き始める前に、どんなに額にシワを寄せて考えても、思いつくことには限界があります。英単語を覚えるとき、その単語を眺めるだけでなく、声に出して読み、実際にスペルを書いた方がよく覚えられます。

「書く」ことが脳を刺激してくれるからではないでしょうか。

## テクニック 2 要点を先に、詳細は後に書く

### ——文章術の最重要テクニック

小説では、しばしば冒頭で謎の事件を紹介し、読者の興味を呼び起こします。映画でもよく、冒頭で、互いに関係のなさそうな断片的映像をいくつも見せて、観客に「何だろう?」と思わせ、物語の世界に惹き入れてしまいます。

芸術文ならそれでも合格ですが実務文では失格です。実務文はまず「何が言いたいのか?」がはっきりしなくては読んでもらえません。

たとえば、あなたがお客様向けに書いたダイレクト・メールの文章が、一読しただけで趣旨が伝わらなければどうなるでしょう。たとえそれがお客様にとって本当に有利なお知らせだとして

「要点」は淑女、「詳細」は紳士

も、お客様は「文章」を理解しようとしないまま、ゴミ箱に放り込んでしまうでしょう。

裁判の判決で裁判長は、まず「被告人を懲役五年に処す」などと主文を読み上げ、それから判決理由を述べるのが普通です。先に判決理由を長々と述べて、「無罪だろうか？　有罪だろうか？」と気をもませるようなことはしません。

分かりにくい文章は、こうした判決文とは逆に、読み手に「いったい何が言いたいんだろう？」と気をもませます。

実務文は感動ではなく情報を伝えるのが仕事です。読み手を待たせない構成が良い構成なのです。

それでは、どうしたら一読で趣旨が伝わる構成にできるのでしょうか。良い構成のための最重要テクニックが皆さんも聞き飽きているはずの「要点を先に、詳細は後に書く」なのです。

## 早く脳内辞書を選ばせる

では、なぜ要点を先に伝えると分かりやすいのでしょうか?

その理由は、36ページで「理解の順序」として述べたとおり、脳内関所の作業負担を軽減できるからです。

脳内関所の最初の仕事は「いろいろある辞書の中から適切な一冊を選ぶ」という作業でした(30ページ参照)。脳内関所が辞書を選び終えるまでは、詳細情報を送っても、読み手は理解することができません。

脳内関所の辞書選びを助けるには、最初に概要情報を与えてやればよいのです。そうすれば早々と辞書が決まり、その後に送られてくる詳細情報も処理しやすくなります。

## どの「かたまり」にも適用できるテクニック

「要点を先に書く」のは、文章のあらゆるレベルに適用できるテクニックです。ここで言う「レベル」とは、文章内にある「かたまりの大きさ」を意味します。

この本を例にとれば、まず本一冊全体の文章がいちばん大きな「かたまり」です。

次に「章」というかたまりがあります。もちろん、その一つの「章」の中でも、このテクニック「要点を先に書く」は生きています。章の冒頭で「この章では○○○を紹介します」と概要を書くという単純な対策で、分かりやすさは一段と向上します。

「章」の次に小さいかたまりに「節」があります。「節」は、さらに小さい複数個のかたまり「段落」の集合体です。段落を構成しているのは、より小さな「文」というかたまりです。

本書では、「文章」や「文書」という言葉との混同を避ける目的で、句点で終わる一個の「文」のことを「センテンス」と呼ぶことにします。

本に限らず、企画書でも論文でも報告書でも、どんな文書でも、いちばん大きな「かたまり」から、小さな「センテンス」という「かたまり」まであります。どんな大きさの「かたまり」でも常に、その「かたまり」の中で「要点を先に、詳細は後に書く」テクニックを使いましょう。

「要点」と「詳細」を他の言葉に置き換えても同じです。

「結論を先に、理由は後で」、「主張を先に、根拠は後で」、「結果を先に、原因は後で」などです。

## ――「趣旨」を冒頭に置く

たとえば、ある老人が自分のパソコン体験を短い文章に表現する場合を想定してみましょう。

この人がその文章でいちばん訴えたいのは「ホームページ作りは本当に楽しい。みなさんもぜひ挑戦しましょう！」だとします。

次に示す例では、分かりやすくするために、各段落の趣旨をそれぞれ一つのセンテンスで表現しています。その文章が、次のような趣旨の五段落で構成されていると考えてください。

**段落❶　孫にパソコンを勧められた。**
**段落❷　買ったパソコンは思い通りに使いこなせなかった。**
**段落❸　パソコン・スクールに通って苦労した。**
**段落❹　インターネット接続にも苦労した。**
**段落❺　その結果のホームページ作りは本当に楽しい。みなさんも挑戦しましょう！**

この構成は、芸術文なら問題ありません。時間順に書かれていて読みやすく、そうした体験の結果としての感想が最後に置かれるのも自然です。

しかし、たとえばインターネット・プロバイダーが、顧客にホームページ作りを勧める宣伝文の中で、この老人の体験談を利用する場合を考えてみましょう。

そうなるとこの文章は、ホームページ作りの楽しさを広く知ってもらい、そのプロバイダーへの加入者を増やそうという明確な目的を持つことになります。

その目的のためにいちばん言いたいことは「ホームページ作りは本当に楽しい。みなさんも挑戦しましょう！」のはずです。

ところが、そのことを述べた段落は、最後に置かれています。

これでは実務文としては落第です。「斜め読み耐性」がないのです。

そこで次のように改善すべきでしょう。

**段落❶　ホームページ作りは本当に楽しい。みなさんも挑戦しましょう！**
**段落❷　孫にパソコンを勧められた。**
**段落❸　買ったパソコンは思い通りに使いこなせなかった。**
**段落❹　パソコン・スクールに通って苦労した。**
**段落❺　インターネット接続にも苦労した。**
**段落❻　ホームページ作りは本当に楽しい。みなさんも挑戦しましょう！**

文章全体として伝えたい趣旨を含む段落を最初に置くことで「斜め読み耐性」を強化しまし

た。

また、最後に段落1と同じ内容の段落6があることに注意してください。この点については後ほどお話しします。

このように、概要を伝える段落が冒頭にあれば、読み始めてすぐにその文章の目的を知ることができます。そのテーマに関心のある人は読み進みたくなります。

このテーマに関心がない、または読む必要のない人は、そこで読むのを止めることができ、時間の浪費を最少にできます。しかも読むのを止めても、「ホームページ作りは楽しい」という文章の趣旨は、りっぱに伝わっているのです。

これなら情報を素早く効率的に伝える実務文として合格です。「要点を先に書く」だけで「斜め読み耐性」を強化した文章にできるのです。

## ──一つの段落の中でも当てはまる

テクニック②「要点を先に書く」は、文章内のあらゆる「かたまり」で適用できると言いました。先程は段落の並べ方でこのテクニックを考えました。今度は一つの段落内で、このテクニックの適用法を考えましょう。実は直前に述べてきた方法がまったくそのまま使えます。

次の例文は、長い文章の一段落部分とイメージしてください。

一匹のアリが高さ一〇メートルの壁を乗り越えたいと思いました。ところが、なぜかアリは高さ一メートルと見誤っていました。壁を登っていったアリは、やがて自分が思っている目標の高さ（一メートル）にたどり着きました。ところがまだまだ壁は続いています。アリはそこで絶望し、登るのをあきらめて引き返してしまいました。アリは一〇メートルの壁を登れる力は持っているのです。壁の高さを最初から一〇メートルだと知っていたら、登り続けて乗り越えられたでしょう。このアリの失敗の原因は、実力がないことではなく、壁の高さを見誤ったことです。英語学習の挫折でも、才能がないからではなく、たいてい英語習得を安易に考えて一メートル登る努力しか覚悟していないことが原因なのです。

最後の「英語学習の挫折でも……」を読むまでは、「いったい何が言いたいんだろう」と読み手の頭上に疑問符「？」が浮かび続けていたことでしょう。

一つの段落でも、このくらい長いとテクニック②「要点を先に書く」を適用しなければ、斜め読みした人には、書き手の意図はまったく伝わりません。最後まで読んでくれた人も、理解がよどみなく進んだとは言えません。

文章を読んで理解する過程は、ジグソーパズルを組み立てることに似ています。

その文章全体の趣旨を表している一個の段落は、ちょうどパズル全体の絵柄（その文章の趣旨）を表しているパズル・ボードです。その他の段落はパズル・ピースです。一個一個のピースを受け取ってボードに置いていくように、一個一個の段落を読みながら、その文章全体の趣旨の中に当てはめていくのです。

より小さな「かたまり」である段落でも同じです。その段落全体の趣旨を表しているセンテンスがパズル・ボードで、その他のセンテンスはパズル・ピースなのです。

一個一個のピースを受け取ってボードに置いていくように、一つの段落やセンテンスを読みながら、文章全体あるいは一段落の趣旨の中に当てはめていくのです。

## ――パズル・ボードを早く渡す

読み手はピースを受け取っても、ボードを受け取るまではどこにも置けません。ボードを受け取って初めて「あっ、そういう意味ね」と、ピースを置くことができるのです。

パズル・ピースは早く置いてしまいたい

実務文では、読み手が、ピースを早く置けるようにしなければなりません。一個のピースを受け取ったら、すぐにパズル・ボード上に置けて、手が空くように配慮する必要があります。

たとえば先に挙げた「ホームページ作りは本当に楽しい」の例文では、文章全体のボードに当たる段落5が最後に来るので、その前の四つのピース（段落）の置き場所が分からず、読み手を困らせるわけです。

そして「アリ」の例文でも、ボードに当たるこの段落の趣旨を表すセンテンス「英語学習の挫折でも……」が最後に書いてあります。肝心なボードを読み手に渡すのを後回しにしているので、この段落を分かりにくくしています。

「分かりやすい文章」にするには、ボード、つまり文章の趣旨が書かれた段落を、最初に読み手に渡してあげればよいのです。あるいは段落の趣旨が書かれたセンテンスを、段落の冒頭に置けばよいのです。

「アリ」の段落では最後に出てきた、趣旨の書かれたセンテンスを、少し短くして冒頭に置いてみましょう。


英語学習の挫折は才能がないからではなく、たいてい英語習得を安易に考えてしまうことが原因です。一匹のアリが高さ一〇メートルの壁を乗り越えたいと思いました。ところが、なぜかアリは高さ一メートルと見誤っていました。壁を登っていったアリは、やがて自分が思っている目標の高さ（一メートル）にたどり着きました。ところがまだまだ壁は続いています。アリはそこで絶望し、登るのをあきらめて引き返してしまいました。アリは一〇メートルの壁を登れる力は持っているのです。壁の高さを最初から一〇メートルだと知っていたら、登り続けて乗り越えられたでしょう。このアリの失敗の原因は、実力がないことではなく、壁の高さを見誤ったことです。

英語学習の挫折でも、才能がないからではなく、英語習得を安易に考えて、一メートル登る努力しか覚悟していないことが原因なのです。

このように書けば、「英語学習の挫折は才能がないからではなく……」というこの段落の趣旨（ボード）を最初に受け取るため、ピースが手に溜まることなく、順調に置いていけると感じられたはずです。

本書では文章全体の趣旨を含む段落を「主要段落」と呼ぶことにします。また段落の要点を表すセンテンスを「主題文」と呼ぶことにします。

主要段落や主題文はパズル・ボードなのです。

また、改善例で傍点を付けた最後の部分は「まとめ効果」となっています。この部分も段落全体の要点を表していますから、主題文と呼んでもよいでしょう。

つまりテクニック②「要点を先に書く」をより詳しく言うと、「主要段落をその文章の冒頭に書く」や、「主題文をその段落の冒頭に書く」ということになります。

もちろん、これはあくまでも「原則論」で、たとえば短い段落なら、逆に冒頭に主題文を置かず最後に主題文だけを置くという方法でも差し支えありません。読み手が一度にかかえるパズル・ピースの数が少ないからです。

57ページの「ホームページ作り」の最後の段落6で、段落1と同じ「ホームページ作りは本当に楽しい」を繰り返しています。またアリの例文でも、最後に段落の趣旨の「英語学習の挫折……」を再度書いています。その理由は、「まとめ効果」をねらったものです。

## ――長い文章では「まとめ」を書く

実務文では、できるだけ同じことを二度書かない、スッキリした短い文章を目指します。同じ内容なら、字数を減らして読み手の時間を奪わないという考えです。

そういう意味では、冒頭と末尾で同じ情報を書くのは、実務文のテクニック違反になります。しかし、趣旨を繰り返すことには大きなメリットもあります。

文章全体が長い場合、途中にある多くの詳細情報を読んでいるうちに、最初に読んだ、その文章のもともとの意図に対する印象が薄れてしまう場合もあります。そんな場合、最後に文章全体の趣旨を繰り返し書いておくと、その趣旨が読み手の心にはっきりと残ります。余韻効果です。

世の中の多くの実務文は、「線の理解」で読み手を説得し、読み手に最終的にある行動をとってもらうことを目的としています。

「……だから、キャンペーン期間中に、当社のクレジット・カードを是非、どんどん使ってください」とか、「……だから、過去、手術で輸血経験のある方は、お近くの医療機関で、C型肝炎ウイルスに感染していないかの検査を至急申し出てください」などです。

たくさんの詳細情報を読んでいると、その文章のそもそもの目的を忘れてしまいがちです。そんな場合に備えて、最後にもう一度、文章全体の目的を書きましょう。

「まとめ」はこの例文のような「段落」や長いセンテンスである必要はありません。文末にたった一言か二言書き添えるだけでもよいのです。

## テクニック３　不必要な情報を書かない

### ――「雑音」のない文章

主要段落や主題文は、それぞれ冒頭に置かれます。それ以外の段落やセンテンスは趣旨を支援する働きをします。趣旨に対する背景説明、根拠説明、具体例説明、比喩説明などの「詳細説明」を書いて、読み手が趣旨を理解または同意してくれるよう支援するのです。

そこで本書では、それらを「支援段落」や「支援文」と呼ぶことにします。「分かりやすい文章」にするためには、できるだけ主要段落や主題文と、支援段落や支援文だけで構成し、それ以外の無駄な文章を含まないようにすることです。

ただし、最初からこれを守って書くのはむずかしいので、書き上げた後に推敲しましょう。これについては第7章（153ページ）で詳しくお話しします。

趣旨と無関係な段落やセンテンスは、音楽の中の雑音と同じです。趣旨を読み取る邪魔になります。できるだけ雑音を出さないようにしましょう。

また、文章における雑音は、趣旨と無関係な段落やセンテンスに限りません。たとえ趣旨を支援する文であっても、その時点で読み手に必要な情報を邪魔するような情報も雑音になります。不必要な情報を書き並べることは、読み手になかなか要点を与えず、文章を分かりにくくしてしまいます。

ちょっとリアリティーに欠けますが、次のような状況をイメージしてください。

*

国会議事堂に仕掛けられた時限爆弾が発見された。時限装置だけではなく、セットされている小さなマイクが人間の声を探知すると、それでも爆発すると犯人から知らされている。二人の爆弾処理班が到着したときには、あと五分で爆発することが分かった。

ダイナマイトは青い線と赤い線で時限装置に繋がっている。どちらかの線を切れば爆発を防ぐことができるが、逆の線を切断すれば、その瞬間に爆発してしまう。

これは新しい型の装置だったので、現場の二人には判断がつかない。そこで本部で待機しているベテランに携帯電話で問い合わせたいのだが、声が出せない。そうだ、メールを使おう。

＊

「発火装置はＧＵ２３２型。青と赤のどちらを切るのか、至急、指示されたし。残り時間三分」

＊

このメールへの返信は「赤」または「青」の一文字でよく、「赤」または「青」以外はすべて「雑音」です。決して次ページのような返信をしないでください。

GU232型は、私が昨年末、英国滞在中に学んでいます。その特徴は、供給電位が低下した場合でも水晶発信の精度が狂わず、ミリ秒単位の正確さで発火します。したがって時限装置の有効期間が約六ヵ月と長く、欧州では脅威の装置として警戒されています。しかも液体窒素で冷却しても一〇分程度は稼動を続けるので、残り時間が三分を割った以上、貴殿が言うようにリード線の切断以外は止める方法がありません。古いタイプのGU231型の場合は、青の線を切断することによって止めることができました。しかし二年前にメーカーのゼウス社は、赤い線を切断すれば止まる方式に転換しました。GU232型はこの新方式なので、赤い線を切断すれば発火は止まります。

これは笑い話にもなりませんが、皆さんも、ついつい思いつくまま不必要な情報を付け加え、読み手を苛立たせていることも多いのではないでしょうか。

## ――よい文章かどうかの見分け方

さて、ここまで書いてきたことを応用すると、分かりやすい段落やセンテンスで書かれている文章かどうかを、簡単に判断することができます。

たとえば五つの段落で構成されている短い文章を考えてみましょう。新聞に読者が投書する程度の長さの文章です。あるいは、上司に提出する出張報告文の長さでしょうか。

各段落のそれぞれの主題文だけを拾い出します。

その五つのセンテンスだけを繋げれば、文章全体の要約文ができあがるはずです。

もしもうまく要約文にならなければ、いずれかの段落で主題文が抜けていたり、あるいは要点を短く表現したよい主題文になっていなかった証拠です。

書き上げた文章を、この方法でチェックしてみましょう。

# 第4章

# 読む気にさせる「レイアウトの技術」

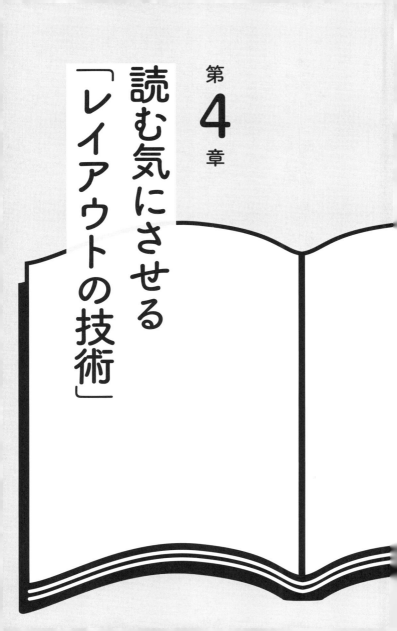

## ――レイアウトが求められる

本書で言うレイアウトとは、ポイントを強調した文字配置等で趣旨をアピールする技術です。レイアウト技術とは、そうした工夫で文章に「斜め読み耐性」を与える技術です。

昔は、レイアウト技術は印刷業等の専門家の仕事で、一般の文章術には含まれませんでした。しかし簡単なSNS等でも、改行はもちろん、文字のサイズを大きくしたり太字で強調したりといったレイアウトは、自在にできます。そのためもあって、私たち一般人にも「レイアウトの技術」は欠かせません。

ところが、ひどいレイアウトのせいで読む気をなくすような文章は少なくありません。

レイアウトには次の四つのポイントがあります。

**ポイント**

**❶ 見やすい文字配置にする**
**❷ 情報構造が分かるようにする**
**❸ 「かたまり」を区別する**
**❹ 見出しをつける**

では、一つずつ見ていきましょう。

## テクニック④　改行したり空白行を入れる

### ――文字配置で見やすくする

第2章の「分ければ、分かりやすい」（37ページ参照）で述べたように、文章を理解するためには、脳内関所が扱える情報の小さなかたまりまで「分解する」必要があります。したがって、分かりやすい文章を書くためには、事前に分解しておけばよいのでした。この「分解」の有力な手段の一つが「文字配置を見やすくする」ことなのです。

たとえば、改行するのも「見やすくする」ためのレイアウト技術です。さらに実務文では、段落の区切りをはっきりさせるために、改行だけではなく空白行の挿入をお勧めします。

長い文章を、小さな意味のかたまりの三、四行ごとに改行し、さらに空白行を入れるのです。

これによって、読む人が見た瞬間に「読みやすそう！」という印象を持つでしょう。

空白行は階段の踊り場のようなものです。連続した一〇〇段の階段を登るのと、一〇段ごとに踊り場がある階段を登るのとでは、どちらが楽かは明らかです。「分ければ、分かりやすい」のは、そういう意味でもあります。

短い文章ならまだしも、複雑で長い文章が、改行や空白行のない文字ベッタリ型だと、見ただけでうんざりします。

第1章の「謝罪広告」（19ページ）や「損害保険料とは」（22ページ）の文章を読み返してみてください。三〇〇字ほどにわたって改行せず、文字がだらだらと続く文章です。こんな文字ベッタリの文章を見た瞬間、うんざりして読む気をなくします。脳内関所が悲鳴をあげるのです。「わぁ、大きなかたまりだなあ。作業量が多くて嫌だなぁ」と。

たとえば次のように改行したり空白行を入れれば、ずっと分かりやすい文章になります。

> 損害保険料控除の対象となる損害保険料とは、以下の①～③を対象とした損害保険、火災共済契約などに基づき、本年度中に支払った保険料や掛金に限られます。控除対象に該当するかどうか、損害保険会社等が発行する証明書類で確認してください。

① あなた又はあなたと生計を一にする親族の家屋で、常時居住しているもの。
② これらの人の生活で通常必要な家財。
③ これらの人の傷害、疾病による入院医療費（医療控除の対象となるものに限ります）。

文字ベッタリの文書でも、どうしても読まなければならない文書なら、仕方なく読むかもしれません。しかし自宅に郵送されてくる大量のダイレクト・メールの広告文だったら、開封して数秒後にゴミ箱に放り込んでしまうでしょう。

## テクニック5　親子関係・並列関係を明示する

### ――情報構造を示す

脳内関所の作業③「情報を整理する」（31ページ参照）の具体的な作業は、文章の「情報構造」を知ることです。情報構造というのは、文章の中の「かたまり」どうしの対応関係のことです。

対応関係には「親子関係」と「並列関係」があります。

親子関係とは、大項目と小項目の関係で、たとえば「動物」という大項目に対して小項目の「ライオン」というような関係です。

並列関係とは、同じ分類の中で対等な項目どうしの関係のことです。同じ例でいえば「動物」という分類の中で「ライオン」や「馬」や「キリン」というのが並列関係です。

こうした情報構造がはっきり分かるように書けば、読み手の脳内関所の作業負担が小さい「分かりやすい文章」になります。たとえば誰でも知っている「箇条書き」は、並列関係を分かりやすく示す典型的なレイアウトです。

左ページ上の例文は、インターネット上の住所（ドメイン）を販売している業者からの連絡メールです。

これも下の改善例のように箇条書きにするだけで、分かりやすさがグッと増します。すなわち「下記情報」と(1)~(4)は親子関係にあり、(1)~(4)は互いに並列関係にあります。

上の違反例では二つの「または」が非常に曖昧です。改善例では、箇条書きでそれらの関係を明示することで、その曖昧さが解消され、読み手を迷わせません。

《管理者情報変更に関するお問い合わせ方法》
ご不明な点等ございましたら、ドメイン名、ドメイン申請番号、管理者の免許証番号、または、健康保険証番号、登録者、または、技術担当者の連絡先電話番号を添えて、お問い合わせ下さい。
電話での口頭による誤解、行き違いを防ぐ為、すべてのお問い合わせをメールにて行わせて頂いております。誠に恐れ入りますが、お客様のご理解、ご協力をお願い申し上げます。

《管理者情報変更に関するお問い合わせ方法》

ご不明な点等ございましたら下記情報を添えて、お問い合わせ下さい。

（１）ドメイン名
（２）ドメイン申請番号
（３）管理者の免許証番号、
　　　または健康保険証番号
（４）登録者、
　　　または技術担当者の連絡先電話番号

電話での口頭による誤解、行き違いを防ぐ為、すべてのお問い合わせをメールにて行わせて頂いております。誠に恐れ入りますが、お客様のご理解、ご協力をお願い申し上げます。

さらに「かたまり」の境界に空白行を入れて風通しをよくしています。

このように情報構造を明示するレイアウトによって、脳内関所の作業③「情報を整理する」を書き手である皆さんが事前代行できることがお分かりいただけると思います。

## テクニック６「かたまり」を明示する

### ――「かたまり」が見えると「分かりやすい」

「かたまり」やグループ分けの境界を明示することもレイアウトの重要な役割です。たとえば例文を、罫線で囲んだり文字の背景を塗るレイアウトをすれば、本文との区別が強調できます。本書でも随所にこのレイアウトを取り入れています。

そこまでしなくとも、段落の行頭を何字か下げるなどの簡単なレイアウトでも、例文と本文を区別し、かたまりの境界を明示することはできます。

次の例文を読んでみてください。この例文は、二〇〇四年のasahi.comのWEB記事を題材として書いた私の文章術説明です。

次の二つの文を比較してください。文章の長さがわずかに違うだけですが、どちらが読みやすいでしょうか。

北朝鮮の核開発問題をめぐる六者協議で議長役を務める中国の王毅（ワン・イー）外務次官は一〇日来日し、外務省の田中均外務審議官、藪中三十二アジア大洋州局長との会談で、二五日から北京で開かれる次回六者協議について「北朝鮮は今度こそ本気だ」として、北朝鮮側の「熱意」を強調した。

北朝鮮の核開発問題をめぐる六者協議で議長役を務める中国の王毅（ワン・イー）外務次官が一〇日来日した。二五日から北京で開かれる次回六者協議について外務省の田中均外務審議官、藪中三十二アジア大洋州局長と会談した。その席で、王毅外務次官は「北朝鮮は今度こそ本気だ」として、北朝鮮側の「熱意」を強調した。

これでは「かたまり」の境界が明示されていないので、ゴチャゴチャした印象です。それだけで読む気が失せます。たとえ読む気になっても、冒頭から「大きなかたまりの区別探し」という仕事をさせられます。

では「かたまり」を明示してみましょう。たとえば次のように書いたらどうでしょうか。

次の文（A）と（B）を比較してください。文章の長さがわずかに違うだけですが、どちらが読みやすいでしょうか。

（A）北朝鮮の核開発問題をめぐる六者協議で議長役を務める中国の王毅（ワン・イー）外務次官は一〇日来日し、外務省の田中均外務審議官、藪中三十二アジア大洋州局長との会談で、二五日から北京で開かれる次回六者協議について「北朝鮮は今度こそ本気だ」として、北朝鮮側の「熱意」を強調した。

（B）北朝鮮の核開発問題をめぐる六者協議で議長役を務める中国の王毅（ワン・イー）外務次官が一〇日来日した。二五日から北京で開かれる次回六者協議について外務省の田中均外務審議官、藪中三十二アジア大洋州局長と会談した。その席で、王毅外務次官は「北朝鮮は今度こそ本気だ」として、北朝鮮側の「熱意」を強調した。

（79ページ3〜6行目、80ページ（A）は二〇〇四年二月一一日付のasahi.com配信記事より引用）

空白行や字下げというレイアウトの工夫で「かたまり」の境界をはっきりさせれば、脳内関所は「大きなかたまりの区分け」という仕事が減り、はるかに読みやすく分かりやすくなるのです。

日常的に書いているメールの実務文でも、読み手にこの「大きなかたまりの区分け」という仕事をさせないように、事前に区分けすることを意識してください。それだけで随分と読みやすい文章が作れます。

文章作成ソフトを使っている場合は、罫線枠で囲む、フォント（書体）を変える、文字サイズを変える、太字で強調をする、色分けをする、網掛けを使う、字下げするなど豊富なレイアウト・ツールがあります。それらを利用して、グループ分けを明示すれば、読みやすい文章を簡単に作れます。

このように一目で「グループ分け」が見えるようにすることが、レイアウトの基本です。

## テクニック7 見出しをつける

### ――見出しの効果

段落の冒頭に主題文を置くのがよいと述べました。これと同じ効果をあげるレイアウトがあります。それは「見出し」です。文章の、ある「かたまり」の趣旨を短い表現で冒頭に掲げておく見出しには、冒頭に概要を書くのとまったく同じ効果があります。

たとえば引っ越し荷物を段ボール箱に詰めたとき、中に何を入れたのかが分かるように、箱の表にフェルトペンで「衣類」「本、雑誌」「台所用品」などと書きます。それを見れば、引っ越し先で整理するとき、いちいち段ボール箱を開かなくても内容物が分かります。

見出しはこれと同じ働きをします。文章の「かたまり」の頭に付けられている見出しを見れば、その「かたまり」を開かなくても（読まなくても）、内容（文章の趣旨）がスピーディーに分かります。

見出しは、文章に「斜め読み耐性」を与えているともいえます。読み手が見出しを頼りに、そ

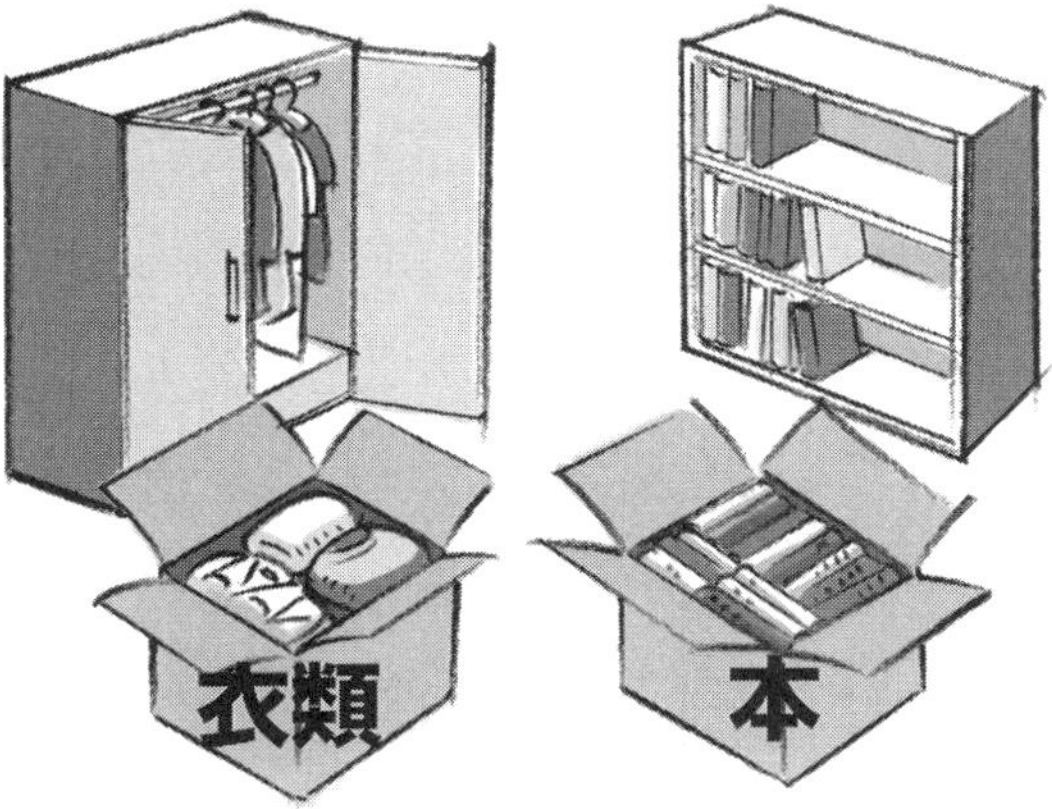


箱の中身を明記しておけば素早く片づく

れぞれのかたまりの文章に対して「関心があるので精読する部分」「重要ではないので読み飛ばせる部分」などと素早く判断できるからです。

新聞にはどんな小さな記事でも必ず見出しが付いています。忙しい出勤前のひと時、新聞の見出しだけを読む「究極の斜め読み」をするビジネスパーソンは多いのではないでしょうか。

こうした意味で、うまい見出しを付けるのは大切なレイアウト術で、文章を分かりやすくする有効な手段の一つなのです。

メールのような短い文章では小見出しは普通、必要ありません。しかし論文、企画書、旅行体験記など、ちょっと長い文章では、章や節の題だけではなく、小さなかたまりごとに小見出しを付けるのが読み手に親切です。たとえば本書でも、最少でも見開きごとに一つ小見出しを入れるように心がけています。

「見出し」は主題文をさらに要約して、一五字以内にできれば理想的です。

## ――メールの題（Subject）は具体的に

見出しや段落内の主題文は「要点を先に伝える」、つまり「ジグソーパズルのボードを先に渡す」という大切な役割がありました。

メールで、これと同じ働きをするのがメールの題（Subject）です。文章全体に一つの題ですから、メールの題はいわば「大見出し」です。

私は仕事柄、しばしば大量のメールを読みます。そんなときには、最初はメールの題だけの一覧表を見ます。メールの題が内容を適切に表現してあるものばかりだと助かります。緊急に読まなければならないメールを見つけたり、読む優先順位が容易に分かるからです。

メールの題を安易につけてはいけません。「次の文の要旨を一五字以内で述べよ」という国語の問題に答えるような気持ちで、真剣にメールの内容を要約しましょう。メールの内容が推測できる具体的な題にしましょう。

たとえば、企業がお客様に出すメールでは、「注文番号28」ではなく「受付のお知らせ（注文番号28）」とか「発送のお知らせ（注文番号28）」とか「請求書の送付（注文番号28）」というような、より具体的な題にしましょう。

単に「送別会のお知らせ」と書くのではなく「藤沢さんの送別会のお知らせ」、「お詫び」だけではなく「納期遅延のお詫び」、「就職内定しました！」より「講談社に就職が内定しました！」などがよいでしょう。

# 第5章

# 読み手を同意させる「説得の技術」

## ――「同意を求める文章」は「説得する文章」

本章では、「目的を達成する文章」にとっては欠かせない「説得の技術」を紹介します。読み手が、書かれている趣旨を理解できても、その趣旨に賛成してくれるとは限りません。読み手を説得できなければ、文章の目的を達成したとは言えません。伝えることに成功した趣旨を納得してもらうためには、それなりのテクニックが必要です。

ちなみに「説得」という言葉には幅広い意味がありますが、本書では前に述べた「線の理解」をしてもらうことに限定して考えます。要するに、読んだ人に「同意を求める」だけのことで、心理的な面まで含めた「全面的賛成」のような強い意味ではありません。

前に述べたように、文章には「同意を求めない文章」と「同意を求める文章」の二種類があります。この二種類の文章と「点の理解」「線の理解」について復習しておきましょう。

「同意を求めない文章」とは、「私は、きのう息子を連れて公園へ行きました」というような、事実だけを述べた文章です。読み手の同意を求めたり、説得しようとはしていません。

一方、「同意を求める文章」とは、「きのうも円高が続いていたので、来月の海外向け製品の生産量を落とすことを提案します」というような文章です。

「きのうも円高が続いていた」を「A」、「来月の～を提案します」を「B」とすると、この文章は「AだからBである」という因果関係を含んだ意見、主張です。これを「A↓B」と表します。

AもBも、点としての「意味」は誰でも分かります。これが「点の理解」です。

しかしこの文章の「ので」、すなわち「A↓B」の「↓」に対しては、誰もが納得、賛成するわけではありません。「きのうも円高が続いていた」のは事実でも、だからといって読んだ人が必ず「来月の海外向け製品の生産量を落とす」ことに賛成できるわけではありません。

読んだ人が「↓」であることを理解することが「線の理解」です。言いたいことは分かるけど、賛成できないとしたら、読み手は文章の「点の理解」はできたけれども「線の理解」ができなかったということです。

つまり、「説得力のない文章」の原因は、線（因果関係）の説明が下手なためです。そこでこの章では「線の理解」「線の分かりやすさ」を考えることにします。

説得力のために必要なのは、次の四つのポイントです。

## ポイント―❶　正確な論理で書く

❷ 読み手の視点で書く
❸ 自分の感情は抑えて書く
❹ 比喩を使う

## テクニック❽ 正確な論理で書く

### ――因果関係には二つの弱点がある

当然のことですが「線の理解」「線の分かりやすさ」の基本は、論理的に正確な文章です。実務文は、誰もが納得する論理性がなければなりません。

会話では多少不正確に表現しても、その場で気づけば訂正もできます。補足説明も弁解もできます。しかし文章では書きっぱなしです。不正確に書けば不正確に伝わり、訂正、弁解の機会がないこともあります。伝えたい意図をできるだけ正確に表現するように意識しましょう。

とくに疑り深い読み手を説得できる文章は、どうしたら書けるのでしょうか。

そもそも疑り深い人とは、何でも「なぜ？　なぜ？」と尋ねる人です。「なぜそうなるのか」

の根拠を与えないと、納得してくれない人なのです。

したがって、常にあなたの意見を裏付ける根拠を書く必要があります。

ところで、一般的に主張「A→B」には、本来的な二つの弱点があります。一つめの弱点は「A」が真実かどうか疑わしいという点です。二つめの弱点は「AだからBだ」という「→」（因果関係）が真実であるかどうか疑わしい点です。

たとえば先程の「きのうも円高が続いていたので、来月の海外向け製品の生産量を落とすことを提案します」という文章で考えてみましょう。

まず「きのうも円高が続いていた」のは確かでしょうか。もしも広く説得したいなら、たとえば「為替市況を確認したところ」のような根拠を示す必要があります。

次は「なぜ『→』なのですか？」、たとえば「きのう円高傾向が続いていたからといって、なぜ、来月の海外向け製品の生産量を落としたほうがいいのですか？　来月には、反発してドル高となり、輸出時には海外での製品価格が下がるということはないと断言できるのですか？」などの疑問に備える必要があります。

あなたが「来月の海外向け製品の生産量を落としたほうがいい」と提案するなら、この「なぜ？」に対する答えをあらかじめ書いておかなければ、みんなを説得できません。

## ――「二つの弱点」を補強する

まず、あなた自身が疑り深い読み手になって、この「二つの弱点」をみつけます。そして、この二つの弱点を補強することで「説得力ある文章」にすることができます。

たとえば、あなたが化粧品会社の社員で、新しい化粧水の広告文を考えているとしましょう。

通常、スキンケアには何種類もの化粧水やクリームを使います。新製品のセールス・ポイントは、お風呂上がりの就寝前、その化粧水だけでスキンケアできることです。

そこで「肌は元々、肌を美しく保つ力を自分で持っている。多くの化粧水やクリームを肌に塗ることは、逆に肌の負担を増やす。新しい化粧水は、肌が元々持っているこの力を助ける成分だけを含んでいるので、肌の負担にならない。肌の自然な力で美しくなれる」という考えを広告文の基本路線とすることにしました。

この基本路線に従って、あなたは自社サイト用の広告文を考え始めました。

この考えをそのまま広告文にした場合、どのような「なぜ?」が出てくるでしょう。

たとえば「肌は元々、肌を美しく保とうとする肌自身の自然な力がある」と「たくさんの化粧水やクリームの使用は、かえって肌の負担になっている」ということは本当ですか? どうやって確認しましたか？　という疑問が出そうです。そこで、次のように書いたとしましょう。

> 長年、たくさんの化粧水やクリームでケアしてきた顔の肌と、スキンケアなどしてこなかった二の腕の皮膚を比較してください。手入れをしてこなかった腕の皮膚の方がむしろ白くてきれいではないでしょうか？　肌がきれいになろうとする肌自身の自然な力がある証拠です。腕の皮膚は化粧水やクリームなどで、あまり負荷をかけていないから、自然のままの美しさが保たれているのです。

この文章の主張を単純化すると「スキンケアしない二の腕の肌の方がケアしている顔の肌より美しい」。つまり、ケアのし過ぎは、自分で美しくなろうとする自然な肌力を損なう」です。「A→B」式に対応させるとAは「スキンケアしない二の腕の方がケアしている顔より美しい」で、Bは「行き過ぎたスキンケアは～自然な肌力を損なう」です。

## ——さらなる補強をする

この例文でも、たいていの人には説得力があるかもしれません。しかし、この主張にも「二つの弱点」は必ずあるのです。

一つめは「Aは本当なのか」、つまり「スキンケアしない腕の方がケアしている顔より美しいというのは本当か」という点です。

二つめは、「『↓』の因果関係は本当なのか」、つまり、「腕の方が美しい理由が、ケアが少ないから、というのは本当なのか」という点です。

「腕の方が顔より白くて美しい、真の理由は、顔より紫外線を浴びてきた量が少ないからなのでは？」「化粧水やクリームでのスキンケアが少ないことが原因である、となぜ言えるのですか？」などの疑問に答えられるかどうかです。

この二つの弱点に対する対策としては、たとえば実験データなどの裏づけで補強すればよいでしょう。


一〇人の被験者で顔と二の腕の肌とを比較したデータがあります。肌の美しさの基準である『キメ』の数を比較しました。顕微鏡写真で比較した結果、一平方センチメートル当たりの平均値は、顔が約二八五個、腕が約三七八個でした。

また、同じ一〇人の肌の水分量を計測した平均値（数値が大きいほど水分量が多い）で比較したところ、顔が三五、腕が四一でした。

実験の結果、キメの数でも保湿力でも、スキンケアをしてきた顔より、自然のままの二の腕の肌の方が美しいことが分かりました。

――というようなことを書き加えれば、「Aは本当か？」という一つめの疑問に対する弱点をかなり補強したことになり、説得力が増します。

## ――納得させる「裏づけ」を書く

次に、二つめの弱点対策を考えましょう。「腕の方が美しい理由が、ケアが少ないから、というのは本当なのか」や「腕の方が顔より白くて美しい真の理由は、顔より紫外線を浴びてきた量が少ないからでは？」などの疑問に先回りして、納得のいく解説を書いておかなければなりません。

たとえば、次のように書き加える必要があります。

顔と腕では条件が異なる点があるので、先ほどの一〇人の被験者で別の実験をしてもらいました。一ヵ月間だけ、右腕には顔と同じ化粧水とクリームでスキンケアしてもらいました。左腕には、当社の新しい化粧水だけでケアしてもらいました。

一ヵ月後、肌のキメの数と保水量とで、両腕の平均値を比較しました。一平方センチメートル当たりのキメの数では、左腕が約三九〇個、右腕が約三四一個。保水量では、左腕が四五、右腕が四一でした。

キメの数でも保湿力でも、顔と同じ複雑なケアをした右腕より、当社の化粧水だけを使った左腕の肌の方がきれいに保たれることが分かりました。

これで「『↓』の因果関係は本当なのか」という、二つめの弱点を補強したことになります。仮にスペースの制約でこれだけ書けない場合でも、最低限、電話やメール、手紙などで直接疑問を寄せてきた人に答える用意は必要です。

## ――予想される疑問に先回りして答えておく

以上をまとめると、説得力のある文章を書く技術の一つは「主張が持つ本来的な二つの弱点を予め補強しておく」ということです。

「A→B」という主張の一つめの弱点は、根拠もなく「Aだ」と言い切っている部分です。そこを「○→A」と補強するわけです。つまり、Aの根拠も用意しておくことです。

もちろん、すべての「点」を「線」に書き替えることは事実上できません。弱そうな点だけを選んで線に格上げして補強します。

そして、Aの根拠として提示する「○」は、それ自体が疑われることのないような「強い点」である必要があります。「二〇二四年の米国の大統領選挙でトランプ氏が再選された」というような客観的な事実や、きちんとした実験結果です。

## テクニック9　読み手の視点で書く

### ――読み手の知識レベルに合わせる

「なぜ？　なぜ？」は猜疑心《さいぎしん》によるものばかりではありません。いろいろな意味で書き手と読み手の「レベル」が違っても、起きます。

たとえばあなたが、風邪などの軽い病気にもすぐに抗生物質を処方するような過剰投与に反対する立場の医師だったとします。その基本的立場を患者さんに理解してもらうため、次のような文章を待合室に貼り出したとしましょう。

当院では、抗生物質は風邪には効かないので、風邪には処方致しません。

この文章は、専門家が一般の人に向けて書きがちな、「分かりにくい文章」の典型です。自分と読み手のレベルの違いに気づいていないからです。

「抗生物質は風邪には効かない」ことは、専門家であるあなたにとって「日本の首都は東京である」くらいに当然の事実なので、何の補足説明もしていません。

しかし、この文章を読んだ患者はどう感じるでしょうか。患者の中には、風邪ですぐに抗生物質を出してくれる医師こそ良いお医者さんだと思っている人もいるかもしれません。

「風邪」という病気にしても、医師であるあなたが専門的に理解している定義と、患者がイメージしているものとが異なっているかもしれません。

医師であるあなたは「ウイルス感染による上気道の急性炎症で、比較的短期間で治る病気」と理解しています。つまり、あなたが貼り出した掲示文は、「風邪」の厳密な医学上の定義を前提として書かれています。

一方、患者がイメージする「風邪」とは、咳が出たり、鼻水が出たり、寒気がしたり、喉が腫れたりといった不快な症状をすべて含んだ、広い意味の病気であることが普通です。

また、ほとんどの患者は、ウイルスと細菌の厳密な違いなど知るわけがありません。抗生物質が細菌には効いても、ウイルスには効かないことを知っている患者は少ないでしょう。

医師と患者のこうした発想のギャップに気づかなかったあなたは、「抗生物質は風邪には効かない」と断定的に表現してしまったのです。しかし、これを読んだ患者は納得がいきません。

すなわち、あなたが待合室に貼り出した治療方針の文章は、患者の説得に失敗しているのです。

この場合、医師であるあなたは、患者が持ちそうな疑問に気づき、先回りして解説する文章を書かなければいけません。

当院では、抗生物質は風邪には効かないので、風邪には処方致しません。

最近、抗生物質の乱用が大きな問題となっています。必要以上に抗生物質が処方されるため、その抗生物質に勝ち抜く細菌（耐性菌）が増えてきたからです。こうした事情により、当院では本当に必要な場合以外は抗生物質の処方は控えています。また、抗生物質は風邪を引き起こすウイルスには効果がありません。風邪がこじれた場合の細菌感染を抑える場合には効果があります。

当院でも、風邪がこじれてしまった患者さんに細菌感染が見られる場合は、抗生物質を処方します。しかし、軽症の風邪の患者さんに予防策として抗生物質を処方することは控えています。

みなさまのご理解をよろしくお願いいたします。

このように、あなたが抗生物質を処方しない理由を書けば、それを知らなかった患者も「抗生物質が風邪の原因ウイルスそのものに効くわけではない」「風邪に処方される抗生物質は、こじれた場合の細菌感染を治療するためのもの」ということを知り、あなたの治療方針に説得される

「なぜ？　なぜ？」を鍛える！

はずです。

## ――「なぜ？　なぜ？」トレーニング

常に読む人の猜疑心を想像し、これに備えた根拠を用意しておく必要があるのです。

では、どうすれば読む人の「なぜ？　なぜ？」を想像できるようになれるでしょうか。

実はそのための秘密のトレーニングがあります。……と大袈裟に言いましたが、日常生活のいろいろな場面で「なぜ？　なぜ？」を心の中で繰り返し自問するだけです。

もう一つ大事な点があります。この「なぜ？　なぜ？」は、「自分が疑問に感じること」に「どうして？」と自問するのではないことです。そうではなく「自分には当然と思えること」に対して「どうして？」と自問し、その根拠を考えるのです。

自分で当然と思うことは、ついつい理由説明なしの「点」で書きがちですが、読む人にとっては当然ではないこともあります。「なぜ？　なぜ？」トレーニングは、この「書き手が勝手に省略してしまう、読み手に必要な根拠説明」に気づく訓練にもなります。

さらに、いったん書きあげた文章を「なぜ？　なぜ？」トレーニングで自己点検すると、怪しい個所、論理的に弱い個所、自分の主張の間違いなどに気づくこともあります。

読み手が持ちそうな疑問には、できるだけ文章中で答えておきましょう。

## ――正反対の世界観

視点が変われば、世界がまるで違ったように見えることがあります。

たとえば、「テロリスト」という言葉は、文明社会を破壊する卑怯で残虐な「極悪人」と聞こえるでしょう。しかしこれは、テロの標的にされる側から見た言葉です。

その「テロ」を仕掛ける側の人は別な言葉を使います。たとえば「レジスタンス」です。テロリストとは反対に、正義のために極悪支配者と闘う勇気ある戦士というイメージです。ナチス・

ドイツ支配下のフランスでのレジスタンスが有名です。

テロリストとレジスタンスが同じ人か、などと論じようとしているのではありません。「現体制に反発し、不意打ちの武力で攻撃する人々」を表す言葉の語感が真逆であることに注目して欲しいのです。世界は、視点によってこれほど異なって見えるのです。

読み手の世界観を想像することができなければ、読み手を説得する文章は書けません。

ずいぶんと昔のことですが、ある公務員の労働団体が掲載した新聞の意見広告を読んで、理解できなかったことを思い出します。

その意見広告の趣旨は、国が、その公務員の世界に役職制度を導入しようとしていることに反対する、というものでした。

それまで役職という階級制度がなかったその公務員の世界に「国が階級制度を持ち込もうとしている。階級制度は、団結して国に抵抗する力を分断するものだ」と主張していたのです。

この意見広告を読んだ私は、何を言おうとしているのか「点の理解」はできました。しかし因果関係を納得する「線の理解」はまったくできませんでした。

私は民間企業の社員ですから、トップの意志を伝える指揮系統として「課長」や「部長」などの役職という「階級制度」があるのは当然、という感覚だからです。そのため、なぜ「階級制度」の導入がそれほど重大な問題なのかがまったく分かりません。また、あまり具体的な説明がない「国の弾圧に抵抗する」という部分も、理解できませんでした。

私はここで、この意見広告に異議をとなえているわけではありません。この意見広告の書き手が、私のような読み手の自然な疑問、視点などにはまったく配慮できず、日頃、仲間うちで議論しているような発想だけから書いていている近視眼を指摘したいのです。

読み手の視点を忘れた独り善がりな文章は、読み手を共感させたり説得したりすることはできません。

ただ自分の感情を吐き出しただけの文章では、自身のストレス解消にはなっても読み手を説得することなど無理なのです。「敵を知り己《おのれ》を知れば百戦危《あや》うからず」と言います。この格言の「敵」は文章では「読み手」です。読み手に対してどういう用語が使えるのか、何に反感を持つのか、どのような反論が予想されるのかなどを知って、用意周到に理論武装しなければなりません。

## ──読み手の感情に配慮する

不特定多数の読み手を想定し、なるべく多くの人を説得したいという場合には、数学の証明問題のように、どこまでも論理的に主張することは誤りではありません。しかし、特定の一人を説得したい場合は、少し事情が違ってきます。たいていの人が読んで納得できる、論理的に正しい主張をしても、ある人からは拒否されるかもしれないからです。

読み手が感情を持った人間であることを忘れてはいけません。感情を持つ人間を相手にしているところが、文章での説得と数学の証明問題とが異なる点です。論理力が説得力のすべてではないからです。

AさんとBさんが、得意先の社長に、それぞれ自社製品を売り込むための提案書を送りました。

Aさんの提案書は理路整然としていて、誰が読んでもAさんの意図は分かりやすく、納得がいくものでした。一方、Bさんの提案書は理論展開がぎこちなく、その説明には少しトンチンカンなところもありました。

ところが、二つの提案を読んだ社長はBさんの会社と契約を結びました。

その社長は理路整然過ぎるタイプの人間が嫌いなのです。そういう文章を読んでいると、自分が理詰めでやり込められているような屈辱感を感じてしまうのです。社長自身も頭ではA案の方が良いことは分かっていました。しかし、嫌いなタイプのAさんが喜ぶ顔より、どこか抜けていてかわいげのあるBさんの喜ぶ顔が見たかったのです。

Aさんの失敗は、特定個人に、万人用の既製服を送ったことです。特定の一人を説得する文章ではオーダー・メイドの服を作らなければなりません。

Aさんは、論理的主張を中心としながらも、社長の個性に合わせて、どこか抜けたかわいげのある文章を書くべきでした。そうすればAさんが勝利したかもしれません。

あなたが業務上のメールなどを書く場合でも、これから既製服を作ろうとしているのか、オーダー・メイドの服を作ろうとしているのか意識することをお勧めします。

## ——読者層を想定する

個人宛のメールのような場合は、自然にその人のことを思い浮かべながら書くのが普通ですから、あまり問題はありません。問題となるのは、不特定多数の人が読み手になる文章です。

たとえば大学生に「毎日の学生生活を率直に表現するレポート」を書くように頼んだとします。その大学生は、どんなテーマを選ぼうか、あるいはどのように表現しようか悩むかもしれません。しかし、どういう人が読む想定で書こうか、という発想はしないはずです。

自分の思うまま「先週、学食で……」などと書くかもしれません。彼にとっては「学食＝学生食堂」が当たりまえなので、この「学食」という言葉を瞬時には理解できない別世界の読み手のことまで頭が回らないのです。

私たちは、不特定多数向けの文章を書くとき「どんな読み手が読むのか」という点をあまり意識しません。しかし文章の「読み手層」を決めることは、文章設計の基本中の基本です。この土台をいい加減にして文章という家作りをすれば、いずれグラついてきます。

不特定多数向けの文章を書くときにも、読み手層を意識した文章を書くことを心がけなければなりません。

読み手層を「高校生にも分かるように」、「四〇代以上の主婦向けに」、「技術的な詳細に詳しくない部課長以上の管理職に」、「社会人経験二年未満の新人ビジネスパーソン向けに」あるいは「まだ製品内容を理解していない営業職向けに」などと、できるだけ具体的に決定するのです。

## ――想定読者と語らいながら書く

具体的な読み手層を決めたら、その読み手層と一致する個人的な知り合いを頭の中に思い浮かべます。親戚でも、知人の知人でも、友人の家族でも、具体的に顔の浮かぶ人なら誰でも結構です。一人ではなく、該当する二、三人を思い浮かべるほうがよいでしょう。

そして実際に書き始めたら、頭の中でその二、三人に目の前のソファーに座ってもらい、その人たちに話しかけるような気持ちで書いていくのです。

この方法で書くと、不思議に適切な用語が選べたり、意味不明な専門語を避けられたりが自然にできます。また、自分だけが知っていて、読み手が知らない前提説明を誤って省略したりすることも自然に避けられます。

家族と話すときは、どんなにぞんざいな話し方をする人でも、入社試験の面接の席では、それなりの言葉遣いと丁寧な説明をするものです。目の前に面接官が座っているからでしょう。誰でも、こうした切り換えの能力を持っている証拠です。書くときにこの能力を発揮しづらいのは、読み手の姿が見えないからでしょう。そこで、「ソファーに座らせた読み手」に話しかけながら書く方法をお勧めするのです。

## テクニック⑩ 自分の感情は抑えて書く

### ――実務文は感情のままに書かない

読み手は感情を持つ人間ですが、もちろん、書き手のあなたも感情のかたまりです。しかし、だからといって「書き手も同様に感情を持つ人間だ」と開き直ってはいけません。実務文では、書き手は感情のない振りをしなければならないのです。

もちろん、お礼の文章や励ましの文章などプラスの感情を書くときは、大いに表現力豊かにあなたの感情を書いてください。しかし、読み手への抗議や第三者に対する非難などマイナスの感情は、なるべく抑えて書きましょう。

とくに抗議や非難の文章は、アナウンサーが読むニュース原稿のような淡々とした調子の文章の方が効果的なのです。感情が高ぶったときに書いた文章の説得力は、確実に低下します。

熱くなったときに犯しがちなミスは、大げさな表現、失礼な表現、過剰な説明、論理の飛躍などです。これらのすべては、書き手の人格に対する読み手の信頼を失わせます。大げさな表現を読んだ読み手は、書き手のバランス感覚を疑います。また、失礼な表現を読んだ読み手は、当然、書き手の品性を疑うでしょう。

どんなに論理的で説得力のある主張も、その主張をしている人が元詐欺師だと知ったら、その説得力は地に落ちます。同様に、文章の説得力は、その文章自体だけが左右するものではないのです。読み手が書き手に対して持つ信頼感も、説得力を構成する大きな要素なのです。

## ――感情が高ぶった一言が信頼を失わせる

ある文章術の本を読んでいて、その明解な説明に感心していました。ところがその本の中で著者は、新聞の読者欄にあった素人の投稿文を取り上げ、「これこそ、ド素人の吐き気を覚えるヘタクソ文の典型である」と強い調子で批評していました。

その投稿文の文章表現はさておき、内容はほほえましく、私自身は共感を覚えました。それだけに、この著者がこのような表現で非難していることが不思議でした。個人的な恨みでもあるのかな、と思えるほどの違和感を感じたのです。

たった、この一行のせいで、この著者に感じていた尊敬の念も冷めてしまい、著者が述べていたこと全体に対する信頼感さえもゆらいでしまったのです。

ぬかるみにはまった車のタイヤは、エンジンをふかせばふかすほどますます空回りします。文章の説得力も、感情が高ぶって語調が激しくなればなるほど、確実に低下します。その熱意と反比例するように低下してしまうのです。

## ――定型文を活用する

実務文は「目的のある文章」です。

たとえば、納品された商品に欠陥があって交換してもらいたいというメールを書く場合を想像してください。そのメールの目的は、「欠陥商品分の代金を返金して欲しい」とか「代わりの商品を二日以内に届けて欲しい」ということを伝えることなどのはずです。

この目的を忘れて「こんな商品を送りつけやがって、けしからん」という感情をぶつけてしまっては、肝心の返金や代わりの納品が遅れたり、断られたりしかねません。

そういうときに活用したいのが定型文です。「拝啓　日頃はご愛顧いただき、ありがとうございます」とか「ますますご清栄のこととお慶び申し上げます」、あるいは「ますますのご発展をお祈りします」という類いの文章です。

定型文を「心のこもらない文章だ」と嫌う人がいます。けれども実務文では、たとえ伝える内容がネガティブな場合でも、定型文を使うことによって無益な感情の摩擦を防ぎ、できるだけスムーズに目的が達成されるようにしているのです。

定型文は、人間が感情のかたまりであるからこその知恵なのです。大いに利用しましょう。

## テクニック⑪ 比喩を使う

### ——比喩の効果

私は青年時代、恩師の比喩で救われた経験があります。当時の私は、自分の性格が冷淡であることに悩んでいました。そんな私に、その恩師がこんな手紙をくれました。

「心の冷たい人間は、心に大きな氷を持っているということです。でも、それは$H_2O$分子を人より多く持っているということ。人生経験を積んで大人になっていけば、その氷は融けて温かい水に変わります。$H_2O$の分子が多い人間は、その時、人一倍温かい人間になれるでしょう」

残念ながら私は、まだまだ人生修行が足りないらしく、いまだに温かい人間にはなれていません。しかし、この手紙を読んだ私がどんなに救われたかは、容易に想像していただけるでしょう。

このように、比喩の説得パワーは絶大です。

脳内関所では、日々のいろいろな新しい人生経験を仕分けし、脳内辞書にすでに登録されている項目と照らし合わせます。脳内辞書では、過去のたくさんの体験が分類され、共通点があるものを一つのグループとして、一つの項目内に登録されています。

比喩は、すでにほとんどの人の脳内辞書に載っている「代表的例文」です。それを示すことで、新しい情報を脳内辞書のどの項目（意味）に分類すべきかを指定しているようなものです。おかげで読み手の脳内関所は仕分け作業、照合作業をしないですみ、瞬時に理解できるのです。

ここでは、文章に説得力をつける、すなわち「線の説明」方法として比喩を紹介しましたが、もちろん「点の説明」でも同様に有効です。分かりやすい似た話を書くことによって、書き手の複雑な意図を単純化し、読み手に一気に理解させて、より鮮明に「点」を印象づけることができるからです。

ただし比喩には危険な側面もあります。それは表現の単純化が、本来、持つ危険性です。

書き手の意図と比喩とが一見似ているだけで、厳密には、同一グループではないことがあります。それにもかかわらず、読み手は「分かったような気になってしまう」のです。

この比喩の錯覚の効果を意識的に多用しているのが広告文です。広告文を見かけたら、是非その点を意識して読んでみてください。

# 第6章

# 趣旨をスムーズに伝える「センテンスの技術」

## ――分かりやすいセンテンスにする四つのポイント

文章はいくつもの「かたまり」の組み合わせです。その「かたまり」の最小単位は文（センテンス）です。

したがって読みやすいセンテンスを書くことが「分かりやすい文章」の基本とも言えます。読みやすいセンテンスがつながって、分かりやすい文章になるというわけです。

本書で言う「センテンス」とは句点（。）で区切られる「かたまり」です。センテンスも読点（、）でさらにいくつかの「かたまり」に区切られます。そこで区切り方が大切になってきます。

読みやすいセンテンスを書くポイントは次の四つです。

**ポイント**

❶ センテンスを短くする
❷ 事前分解しておく
❸ 曖昧さをなくす
❹ キーワードを作る

それでは順に見ていきましょう。

## テクニック⑫ センテンスを短くする

### ――平均四〇字以下をめざす

センテンスの技術にも、いろいろありますが、すべてが同じ重みを持つわけではありません。センテンスの技術にも一つだけ突出して効果が大きいテクニックがあります。それがこの「センテンスを短くする」です。どんな文章術の本にも必ず書かれている基本テクニックです。

センテンスを短くするとなぜ分かりやすいのでしょう。第2章で紹介したように、外界から入ってくる情報は、最初に脳内関所で吟味されます（26ページ参照）。この作業場所のサイズが小さいため、長いセンテンスでは一度に処理し切れず、渋滞が起きてしまうのです。

大きな分厚いステーキは、そのままでは食べにくいのですが、初めから一口サイズに切ってあるサイコロステーキなら、スピーディーに食べられます。短いセンテンスが分かりやすい原理は、まさにこれと同じです。

サイコロステーキ（短いセンテンス）は食べやすい

文章を商品にたとえれば、文章が伝える情報は商品の機能です。一方、文章の長さは商品の価格です。同じ機能の商品なら安い価格の方が買い手が嬉しい良い商品です。同様に、同じ量の情報を伝えることができるなら、短い文章の方が読み手が嬉しい良い文章なのです。

センテンスの長さの基準として、可能なら平均四〇字以下と考えるのがよいでしょう。「平均」ですから全てのセンテンスを必ず四〇字以下にしなければならないという意味ではありません。

特に平均が六〇字を超えていた場合は、以降に紹介する方法で、もっと分かりやすい文章にできるはずです。以下、センテンスを短くする具体的な方法を紹介します。

## ――意味なく引っ張らない

意識しないと、大した意味もなくセンテンスをつなげてしまいがちです。

長いセンテンスも、話しているときならあまり違和感がありませんが、文章ではなるべく避けたほうが良いにもかかわらず、書いているときはなかなか気づかないで、いくつかに区切っても差し支えないようなセンテンスをつなげてしまい、いつのまにか一センテンスが長くなって、句点（。）という切れ目で小休止できない読み手のイライラは溜まるばかりなのに、残念ながら、こうした文章を多くみかけるのが現状で、読み手の負担に気づかないこんな文章を理解しているのは、書き手だけでしょう。

――多少、大げさに「引っ張って」みましたが、いかがでしたか？　脳内関所が、いかに句点「。」での小休止を欲しがっているか、実感できたのではないでしょうか。

意図的に「引っ張った」この文章を、いくつかの短いセンテンスに分割してみましょう。

長いセンテンスも、話しているときならあまり違和感がありません。しかし文章ではなるべく避けたほうが良いのです。にもかかわらず、書いているときはなかなか気づきません。いくつかに区切っても差し支えないようなセンテンスをつなげてしまって、いつのまにか一センテンスが長くなってしまいます。句点（。）という切れ目で小休止できない読み手のイライラは溜まるばかりです。それなのに、残念ながら、こうした文章を多くみかけるのが現状です。読み手の負担に気づかないこんな文章を理解しているのは、書き手だけでしょう。

だらだらと続くセンテンスは、途切れない点滴のようなものです。血管が膨れ上がり、悲鳴をあげます。点滴に、ポタッ、ポタッ、という適切な切れ目が必要であるように、センテンスにも、脳が吸収しやすい適切な長さでの切れ目（句点）が必要なのです。

## ――「が」を捨てる

ちなみに私の場合は、書き上げた原稿を推敲するとき、その約七割程度はたった一つの単純作業です。それは、「が」でつながっているセンテンスを「句点（。）」と「しかし、」で二つに分割することです。

助詞「が」には、逆接の「が」と順接の「が」があります。逆接の「が」は、たとえば「しかし、」で区切り、それぞれ別のセンテンスにします。

私なら、その技を二週間も練習してきたので、もちろん簡単にできると思いましたが、息子がどうしても自分で試してみたいとしつこく言うので、させてみました。

←

私なら、その技を二週間も練習してきたので、もちろん簡単にできると思いました。しかし、息子がどうしても自分で試してみたいとしつこく言うので、させてみました。

一方、順接の「が」は、たいていの場合、単にその「が」を捨ててセンテンスを二つに分けるだけで、十分に意味が通ります。

カナダに対しては、その森や湖など、自然の美しさに対する憧れは以前から持っていましたが、実際に移住して、まさに私の憧れ通りの国であることを実感したのです。

←

カナダに対しては、その森や湖など、自然の美しさに対する憧れは以前から持っていました。実際に移住して、まさに私の憧れ通りの国であることを実感したのです。

## ――長い修飾節を使わない

私は、社会に出てから英語の必要性を痛感して、遅まきながらの猛勉強をしました。そこで感じた英語と日本語の決定的な違いの一つは、修飾節（名詞を修飾する文）を被修飾語（修飾される語）の後に置くか、前に置くかという点です。

This is the book (that) he bought in Kyoto three years ago.

これは、彼が三年前、京都で買った本です。

英語では、節で修飾する場合、修飾したい語の後に修飾節を置きます。下線の部分が修飾節で、直前のbookという名詞を説明、限定しています。

これに対して日本語では、修飾したい語の前に修飾節を置きます。傍点部分が修飾節です。このように修飾節を前に置くため、それがどの語（節）を修飾しているのかが分かりにくいのです。

大杉さんは、去年、奥さんといっしょにアメリカの大学へ留学した斉藤さんの、高校時代の友人です。

この文章を「大杉さんは、去年、奥さんといっしょにアメリカの大学へ留学した」まで読んだ段階では、「留学した」のは「大杉さん」に思えてしまいます。「斉藤さん」にたどり着くまで、「去年……留学した」の部分が、斉藤さんを修飾する節であることに気づけないからです。

センテンスを短くするためだけではなく、こうした理解の流れの混乱を防ぐ意味でも、修飾節が長くなった場合は、次のように、独立したセンテンスにしてしまうことです。

斉藤さんは、去年、奥さんといっしょにアメリカの大学へ留学しました。大杉さんは、その斉藤さんの高校時代の友人です。

こうすれば二つの短いセンテンスになって、狭い脳内関所に入りやすくなります。さらに「留学したのは誰だろう?」と、戸惑わせる脳内関所の解析作業が減り、分かりやすくなります。

また、被修飾語の直後に、括弧《かっこ》で長く説明する方法もよく使われます。

過呼吸症候群(緊張、不安、興奮、恐怖などの心因性の要因などから、突発的に早い呼吸を繰り返し、呼吸が苦しくなる症状)は、若い女性によく発症し、パニック障害(これといった誘因もないのに、突然、息苦しさ、めまい感、動悸、胸痛、死や発狂の恐怖などの不安の精神身体的症状を起こす)と併発することも多い。

これも、括弧内を独立したセンテンスにして、分割した方が分かりやすくなります。

過呼吸症候群は若い女性によく発症し、パニック障害と併発することも多い。

過呼吸症候群とは、緊張、不安、興奮、恐怖などの心因性の要因などから、突発的に早い呼吸を繰り返し、呼吸が苦しくなる症状をいう。

またパニック障害とは、これといった誘因もないのに、突然、息苦しさ、めまい感、動悸、胸痛、死や発狂の恐怖などの不安の精神身体的症状を起こすことをいう。

## テクニック⑬　事前分解しておく

### ――読点で意味を確定させる

繰り返し述べているように、脳内関所の「分解」という仕事を、なるべく書き手が事前に代行してあげれば、読み手の脳内関所の作業負担が減って分かりやすくなります。第2章で述べたように、文章を読むときの脳内関所の作業は、胃腸が食物を消化する働きに似ています。

食物は、食べる前に煮たり焼いたりして栄養素を細かく分解すると、胃腸の負担が減って消化吸収がよくなります。同じように、文章も「事前分解」しておくと、脳内関所の負担が減って分かりやすい文章となるのです。

先に述べた「センテンスを短くする」のは「事前分解」の有効手段でしたが、さらに一個のセンテンスの中での、小さい規模の「事前分解」の方法を紹介します。

前者がいわば句点（。）の技術なら、こちらは読点（、）の技術です。

読点をどう打つかで悩む人は多いのではないでしょうか。文章の専門家の間でも、読点の打ち方については、様々な独自のテクニックが提唱されています。

たとえば、ジャーナリストの本多勝一氏は、以下のように読点を打つ原則を三つ挙げています。

**原則1　長い修飾語の境界に打つ**

**原則2　逆順のときに打つ**

原則3　書き手の自由思想として打つ

原則3は、どの部分を「ひとかたまり」として区分するかは、書き手の意図によって異なるから、書き手の自由である、という考えのようです。

私の解釈の間違いかもしれませんが、この原則3は具体的な指針を与えてくれないので、ここで詳しい紹介は省略します。

代わりに、次の私の考えを原則3とさせてください。

**原則3　誤解防止のために打つ**

以下、順に見ていきましょう。

## ――原則1　長い修飾語の境界に打つ

ここで言う「修飾語」とは、一般的に言われる形容詞や副詞のような修飾語とは異なります。動詞を含んだ中心的な部分（述部）を主役と考え、この述部とつながる他のすべての文を「修飾語」と考えます。次の例文で説明しましょう。

> 彼女は、大雨の日ではあったが、弟といっしょにプールへ行った。

この例文の主役は、「プールへ行った」の述部だと考えます。一方、この主役に状況説明を加える修飾語は以下の（A）から（C）の三つの部分です。

（A）彼女は（↓プールへ行った。）
（B）大雨の日ではあったが（↓プールへ行った。）
（C）弟といっしょに（↓プールへ行った。）

この三つの修飾語の境界に読点を打つので、例文のようになるわけです。

ただし原則1は、長い修飾語の境界に読点を打つ、というものです。そこでこの例文では修飾語はすべて短いので、読点を省略してもかまいません。

ただし、「修飾語が長い」の定義が厳格にあるわけではないので、判断は書き手の主観に委《ゆだ》ねられます。そこに書き手の個性が表れるわけです。

また修飾語の長さとは関係なく、述部とその直前の修飾語の間には読点を打ちません。

### ―― 原則2　逆順のときに打つ

たった今「修飾語が長くなければ読点を打たなくてもよい」と書きました。しかし前の例文で、短い「彼女は」の次に読点が打たれています。これは原則2「逆順のときに打つ」によって必要な読点です。

日本語の語順は、述部を最後に置くという以外は基本的に自由です。しかし、それでも読んで自然な語順があります。

修飾語の自然な語順では「長い修飾語ほど前に置く」という本多氏の原則が参考になります。この自然な語順が崩れている状態を「逆順」と呼び、その場合に読点を打つとしています。

さきほどの例文をもっとも自然と思われる語順に並べ替えると、次のようになります。

大雨の日ではあったが彼女は弟といっしょにプールへ行った。

この例文では修飾語がすべて短いので、あえて読点は打っていません。

強調したい修飾語は最初に持ってくることができます。たとえば「彼女は」を強調したい場合、これを冒頭に置きます。しかしそうすると逆順になるので、読点が必要になるのです。

（最初は自然な語順に並べる）
大雨の日ではあったが彼女は弟といっしょにプールへ行った。

彼女は大雨の日ではあったが弟といっしょにプールへ行った。
←（「彼女」を強調すると逆順になる）
彼女は、大雨の日ではあったが弟といっしょにプールへ行った。
←（読点で自然に読める）

## ――原則3　誤解防止のために打つ

「誤解防止」とは、脳内関所が間違った「かたまり」に区切ってしまい、時間を浪費しないようにすることです。

久美子もあわてて私が調査した資料を読んだ。

すぐお分かりのように、この文章は二つの解釈ができます。「あわてた」のは、久美子でしょうか、私でしょうか。

それを正しく伝えるためには、次のどちらかの読点が必要です。

**解釈❶（あわてたのは私）　久美子も、あわてて私が調査した資料を読んだ。**

**解釈❷（あわてたのは久美子）　久美子もあわてて、私が調査した資料を読んだ。**

### ――区切り記号を活用する

読点以外にも、センテンスを事前分解しておくための区切り記号はたくさんあります。

たとえば括弧です。本書のタイトル『「分かりやすい文章」の技術』もカギ括弧を使っています。『分かりやすい「文章の技術」』との誤解を避けるためです。

> これからは、男の子育てを考えましょう。

とだけ書いたとしたら、読み手が書き手の意図通りに解釈してくれる保証はありません。

**解釈❶　これからは、男の「子育て」を考えましょう。**

**解釈❷　これからは、「男の子」育てを考えましょう。**

解釈①と②とでは明らかに意味が違います。会話や口頭説明では誤解が起こるかもしれないこうした表現も、文章内では区切り記号で誤解を避けることができます。

中黒（・）は外来語の区切りを示して、脳内関所での「かたまり」探しが楽になります。原則論としては、原語が空白によって分割されている場合、カタカナ表記でも空白に対応する部分に中黒を打つべきです。

Global Network Controller
←
グローバル・ネットワーク・コントローラー

これを「グローバルネットワークコントローラー」と表記すると、「グロー・バルネット・ワークコント・ローラー」と解釈するかもしれません。読み手に無駄な右往左往を強いる負担を与えます。

ただし、「キーポイント」のように、日本語に帰化してしまったような外来語は、たとえ原語が"key point"のように二語であっても、中黒で区切る必要はありません。脳内関所がかたまり境界探しをしないからです。その一方、帰化した外来語でも「ダイレクト・メール」のように少し長い言葉は、中黒を入れたほうが分かりやすいでしょう。

ときおり、中黒抜きの「グローバルネットワークコントローラー」のような表記を正式社名としている企業があります。多くの人に社名を認知、記憶してもらうという観点からすれば、自ら、それをさせないための障害物を置いているようなものではないでしょうか。

## ――並列表記する

センテンスを事前分解しておく三つめの手段は、並列表記や対比表現を使うことです。たとえば、第４章「レイアウトの技術」の「情報構造を示す」（75ページ参照）で紹介したように、箇条書きなどのレイアウトで親子関係や並列関係を明示します。

もちろん並列表記は箇条書きだけではありません。「ＡはＡ′、ＢはＢ′。」や「一つめは、ｘｘｘ。二つめは、ｙｙｙ。」のような対比表現は、読み手にリズム感を与えることからも読みやすくなるのです。

> 二〇〇三年五月に「健康増進法」が施行され、不完全分煙の状態で営業することは違法行為となった。非喫煙者が他人のタバコの煙を吸わされてしまうことを受動喫煙という。禁煙席と喫煙席に分けただけで、禁煙席にタバコの煙が流れて受動喫煙してしまう状態を不完全分煙という。また、禁煙席と喫煙席に分けただけで、非喫煙者も

利用せざるを得ない出入り口、通路、トイレ、レジなどで受動喫煙が起こる状態も不完全分煙という。従来、こうした不完全分煙での営業も違法ではなかった。もちろん、非喫煙者に一切の受動喫煙をさせない完全分煙や完全禁煙は、施行後も合法である。

このだらだらした文章の中から、読み手が並列関係や対比関係を見分けて理解するのは、なかなか大変です。そこで「完全分煙」と「不完全分煙」、「合法」と「違法」を並列、対比させてみましょう。次のように少し分かりやすくなります。


非喫煙者が他人のタバコの煙を吸わされてしまうのを受動喫煙という。

一切の受動喫煙をさせない状態を完全分煙という。

これに対して、禁煙席と喫煙席に分けただけで、禁煙席にタバコの煙が流れて受動喫煙してしまう状態を不完全分煙という。

また、禁煙席と喫煙席に分けただけで、非喫煙者も利用せざるを得ない出入り口、通路、トイレ、レジなどで受動喫煙が起こる状態も不完全分煙という。

従来、こうした不完全分煙での営業も違法ではなかった。

しかし二〇〇三年五月に「健康増進法」が施行され、不完全分煙で営業することは違法行為となった。

もちろん、非喫煙者に一切の受動喫煙をさせない完全分煙や完全禁煙は、施行後も合法である。

## テクニック14　曖昧さをなくす

### ――修飾語は近くに置く

ここまでは分かりやすい文章にするために「情報のサイズを小さくする技術」を見てきました。しかし「分かりやすい」ためには、情報が曖昧でないことも大切です。ここからは「曖昧さをなくす」視点で考えてみましょう。

文書の曖昧さは、書き手にはなかなか気づきにくいものです。以下を参考に、読む人の気持ちになって「疑り深く」チェックしましょう。

130ページで見た曖昧な例文「久美子もあわてて私が調査した資料を読んだ」は、読点を打つことで解決しました。

この文章が曖昧な一番の理由は「あわてて」が「調査した」からも「読んだ」からも離れているからです。そのため「あわてて」がどちらの動詞に係るのかが分かりにくいからです。そこで、このような場合には、修飾語と被修飾語を近づけることでも、分かりやすくすることができます。

（A）私があわてて調査した資料を久美子も読んだ。
（B）私が調査した資料を久美子もあわてて読んだ。

これなら、それぞれ「あわてて調査した」のか「あわてて読んだ」のかが明確になり曖昧さが解消します。

とくに長いセンテンスで修飾語と被修飾語が離れている場合は、両者の関係を発見することがむずかしくなります。一つのセンテンスに二つ以上の節が含まれていると、たいてい、主語と動詞もそれぞれ二つ以上あるので、その対応関係の発見がむずかしくなります。

私は二年近くも英国に留学した後で彼が結婚していたことを知った。

この場合、留学していたのは、私でしょうか、彼でしょうか。

【彼なら】私は、彼が二年近くも英国に留学した後で結婚していたことを知った。
【私なら】彼が結婚していたことを、私は二年近くも英国に留学した後で知った。

修飾語と被修飾語を近づけ、読点を工夫することで、曖昧さはなくなります。
ただし、長いセンテンスでなくても曖昧性はつきまといます。

タレントの兄は登山が好きです。

という表現では二つの解釈が可能です。

**解釈❶** **そのタレントの兄は登山が好きです。**
**解釈❷** **私の兄はタレントで、登山が好きです。**

このような曖昧さは、読点や修飾語を近づけても解決しません。伝えたい意図を意識してきちんと説明する必要があります。

## ――センテンスを分割する

一つのセンテンスに二つ以上の節を含んでいる場合、センテンスを分割し、それぞれの節をセンテンスに格上げしてしまう方法があります。センテンスを節単位に分解すれば、曖昧さが消え、分かりやすくなります。

センテンスを分割する技術は、すでに「センテンスを短くする」（117ページ参照）で、さんざん見てきました。ここでは、曖昧さを避けるという目的で、再度紹介します。

> 藤沢晃治は、来週、高層ホテルの最上階で挙式することを発表する。

この文章では、来週「挙式する」のか「発表する」のか分かりません。また高層ホテルの最上階で「挙式する」のか「発表する」のかも曖昧です。

そこで、たとえば次のように分割して書いてみましょう。

藤沢晃治は高層ホテルの最上階で挙式する。彼は来週そのことを発表する。

曖昧なことは分割して書きましょう。

## ――代名詞が何を指すのかをはっきりさせる

代名詞はセンテンスを短くしてくれますが、どの語を指しているのか、知っているのは書き手ばかり、という文章もよくあります。

高橋さんが息子さんを連れて来ました。彼のゴルフ理論を、一時間もかけて丁寧に教えてくれました。

この文章では、「彼」とは、お父さんなのか息子さんなのかが曖昧です。指示代名詞が何を指すのかをはっきりさせましょう。

高橋さんが息子さんを連れて来ました。息子さんはご自分のゴルフ理論を一時間もかけて丁寧に教えてくれました。

## ――否定文に気をつける

同じ意味を表現しているつもりでも、否定形にすると別の意味に解釈されることもあるので、注意が必要です。

たとえば、完全否定の「全員が反対です」を、「全員が賛成していません」と書くと、「全員が賛成しているわけではありません」という部分否定と解釈する人もいます。

鈴木さんは、小池さんのようにうまく運転できない。

二人とも運転が下手なのか、それとも小池さんの方は運転がうまいのか曖昧です。

**解釈❶ 鈴木さんは、小池さんと同様で、うまく運転できない。**

**解釈❷ 鈴木さんは、小池さんほどうまくは運転できない。**

否定形を使うときは、意図が誤解されないように注意しましょう。

## ――文脈を省略すると曖昧になる

一つのセンテンスの意味が、そのセンテンス自体だけでは決定できないことがあります。周囲の状況、それまでの文章の流れ、つまり文脈によって変わるのです。

たとえば「重い」という言葉の意味も文脈によって、変化します。

文脈A：「これは、ちょっと大きいのですが、一人で運べますか？」
「重いなぁ」

文脈B：「朝からカツ丼なんて悪いけど、きのうコンビニで買ったこれしかないの」
「重いなぁ」

この二つの表現では、読み手も書き手も同じ文脈理解に立つので、誤解は起こりません。

しかし、文脈はハッキリと書かれたものばかりではありません。書き手だけが知っている背景、状況があり、それが読み手に共有されていない文脈もあります。書き手は、そうしたものを読み手も共有していると、ついつい錯覚することがあります。そんなとき、省略し過ぎたセンテンスを書いてしまい、読み手に意味が通じなくなります。

書き手と読み手が文脈を共有していないと、時には危険な結果も生みかねません。

私にも次のような経験があります。

風邪で喉を腫らし、医師から処方してもらった治療薬XYZを薬局で買いました。いっしょに「注意事項」が書かれた紙をもらいました。そこにはこう書いてありました。

アルミニウムやマグネシウムを含む胃腸薬を飲んでいる方は、二時間以上の間隔をあけてそれらの薬を飲んでください。

そそっかしい私は、「アルミニウムを含む胃腸薬と、マグネシウムを含む胃腸薬の二種類の薬を飲んでいる人は、その二種類の薬を飲む間隔を二時間以上あけなさい」と解釈してしまい、しばらくは何のことか分かりませんでした。

この文の真意は、もちろん「XYZを服用する時刻と、アルミニウムやマグネシウムを含む胃腸薬を服用する時刻との間隔を、二時間以上あけなさい」です。そのことは、書き手の頭の中では当然の文脈なので、あえて「ＸＹＺと」とは書かずに省略したのでしょう。

アルミニウムやマグネシウムを含む胃腸薬を飲んでいる方は、それらの胃腸薬を飲む時間と、このＸＹＺを飲む時間との間に、二時間以上の間隔をあけてください。

と書くべきです。

実務文は「注意深く読まない読み手が悪い」というわけにはいかないのです。実務文には「斜め読み耐性」がなくてはなりません。私のように、そそっかしくて、落ち着いて読まないような読み手にも理解できる文章にするためです。

とくに薬の注意書きのような、命にかかわる文章には、それが強く求められます。

## ――具体的に書く

曖昧さを消す強力な手段は、形容詞や副詞ではなく、具体的に書くことです。これは例をいくつか挙げれば理解していただけるでしょう。

## ① 数値で書く

開発作業は予定より相当遅れていた。

→開発作業が予定より三週間程度遅れていた。

それはすごく重かったため、当社のクレーンでは移動できなかった。

→それは二トン以上あったため、当社のクレーンでは移動できなかった。

各部門からなるべく多くの社員が参加されるよう、お願い致します。

→各部門から最低三名以上の社員が参加されるよう、お願い致します。

## ② 例示する

忘年会では、彼といろいろ話し、楽しかったです。

→忘年会では、開発当時の苦労話などを彼と話し、楽しかったです。

現地の気候が予想より厳しく、体力を消耗しました。
→現地では、一週間以上も雨が降り続いたり、昼と夜の温度差が二〇度以上あったりなど、気候が予想より厳しく、体力を消耗しました。

## ③ 大分類名ではなく、小分類名で範囲を絞る

スポーツ番組が好きで、土日は、かなりの時間テレビの前で過ごします。
→ゴルフ番組が好きで、土日は、かなりの時間、テレビの前で過ごします。

彼女は飲むのが大好きです。
→彼女はビールと酎ハイ類が大好きです。

高校時代の友達と温泉旅行に行った。

↓高校時代の友達と箱根旅行に行った。

## ——具体性と抽象性のバランスをとる

「具体的に書け」と言いましたが、抽象的説明がただちに悪いのではありません。

本書流に書けば、抽象的説明は概要説明で、具体的説明は詳細説明です。あるいは抽象的説明は一般論で、具体的説明は特定の事項に関する説明です。

たとえば「誤解防止のために読点を打ちましょう」というのが抽象的に書くことです。しかし、これだけでは、実際にどうすればよいのかまでは、イメージできないかもしれません。

そこで二、三の例文で具体的に示されると、「誤解防止のために読点を打つ」には、どうしたらよいのか少し理解が進むでしょう。

つまり、抽象性と具体性のバランスをとりましょうということです。どちらか一方だけでは駄目なのです。

## テクニック 15 キーワードを作る

### ──文章に「取っ手」をつける

あなたの書く文章の中に、斬新ではあるけれど、ちょっと複雑な主張があれば、それに短い名前、すなわちキーワードをつけましょう。

キーワードは、覚えやすいように奇抜な名前や特徴ある名前、または主張の内容を表す比喩になるような名前がいいでしょう。たとえば、本書では「点の理解」や「線の理解」というキーワードを繰り返し書いています。

繰り返し書く必要があるからこそ、キーワードを作るのです。毎回、同じ長い説明を書くのも、読むのも大変ですから、それを避けるためにキーワードが役立つのです。

この意味でキーワードは、大きな荷物につけた「取っ手」のような働きをしてくれます。大きな荷物は持ち運びしにくいのですが、取っ手をつければ持ち運びしやすくなります。書き手から読み手に、複雑な主張を何度も持ち運ぶのですから、取っ手があったほうが便利なのです。

キーワードとは、少ない字数の中に複雑な意味が凝縮されている言葉です。

説明の冒頭で、これから話すことの概要を伝えることは重要です。聞き手に心の準備ができ、その後の詳細説明の消化、吸収がよくなるからです。一方、こうした冒頭で概要を話すことで聞き手の理解力が高まることは、一日のセミナーなどの例で言えば、一日の最初にだけ言えることではありません。一日のセミナー内容が五つの章に分かれていたら、その各章の冒頭で、その章の概要を話すとやはり、聞き手の心の準備ができて、その章の理解力は高まります。お昼休みが終わった冒頭でも、午後のおおまかなスケジュールを話すなどすれば、やはり、聞き手の理解力は高まります。

「冒頭で概要を話すことで聞き手の理解力が高まること」を「予告効果」というキーワードにします。すると、次のように分かりやすい文章に改善できます。

説明の冒頭で、これから話すことの概要を伝えることは重要です。聞き手に心の準備ができ、その後の詳細説明の消化、吸収がよくなるからです。一種の「予告効果」です。予告効果は、一日のセミナーなどの例で言えば、一日の最初にだけ言えることではありません。セミナー内容が五つの章に分かれていたら、その各章の冒頭で、その章の概要を話すとやはり、予告効果を期待できます。お昼休みが終わった冒頭でも、午後のおおまかなスケジュールを話すなどすれば、やはり予告効果が働きます。

自分で新しいキーワードを作る工夫だけではなく、同じことを意味するなら、すでに広く社会で受け入れられているキーワードを使うことも大切です。
たとえば普通、「目の上の毛」とは言わず「眉」と言います。「体内に脂肪が含まれている割合」とは言わず「体脂肪率」と言います。次の例文はどうでしょうか。

住宅の新築や改装工事後、住宅建材から室内に発生する揮発性化学物質やダニ・アレルゲンが原因で居住者に体調不良または健康障害を引き起こす事が知られています。因果関係がまだ医学的に解明されたとは言えず、そのため、行政側の明確な対応も決まっていないのが現状です。
阪神・淡路大震災後の新築、増改築などの後、一六パーセント程度の人が、こうした住宅建材が原因と思われる体調不良や健康被害を訴えているという調査結果があります。また、住宅の新築や改装工事後の健康被害の原因物質を調査したところ、その濃度を比較すると、新築と中古の住宅で、新築の方が一・六〜六・四倍だったそうです。

「住宅の新築や改装工事後、住宅建材から室内に発生する揮発性化学物質やダニ・アレルゲンが原因で居住者に体調不良または健康障害を引き起こす」ことは、すでに「シックハウス症候群」というキーワードが広く使われています。

これを使えば、分かりやすい文章に改善できます。

住宅の新築や改装工事後、住宅建材から室内に発生する揮発性化学物質やダニ・アレルゲンが原因で居住者が起こす体調不良または健康障害をシックハウス症候群と言います。まだ医学的な定義が確立しているとは言えません。そのため、行政側の明確な対応も決まっていないのが現状です。

阪神・淡路大震災後の新築、増改築などの後、一六パーセント程度の人がシックハウス症候群を訴えているという調査結果があります。また、シックハウス症候群の原因物質を調査したところ、その濃度を比較すると、新築と中古の住宅で、新築の方が一・六～六・四倍だったそうです。

ただし、新しいキーワードを作る場合はもちろん、すでにあるキーワードを使う場合でも、冒頭でそのキーワードの語義を紹介しなければなりません。

# 第7章

# 文章をなめらかにする「推敲の技術」

## ——文章の「身なり」を整える

メールなどの短い文章ならまだしも、ちょっと長い文章になると「書く」作業は全体の半分に過ぎません。とりあえず書いた後で、残り半分は推敲作業になります。推敲とは字句を何度も練り直すことを言います。この章では、その推敲の技術を紹介します。

実務文にも二種類あります。私的実務文と公的実務文です。

私的実務文とは、特定の個人に向けて書く文章で、読み手が一人に限られる文章です。それに対して公的実務文とは、多くの人が閲覧するＷＥＢサイト上の文章や印刷して大量の人に配布するような文章です。

もちろん、私的実務文と公的実務文との中間的な文章もあります。自分の所属する課の八名全員宛に出すメールなどがそうでしょう。そのようなメールの文章では、意図さえ正確に伝わるならば、誤字、脱字や送りがなの間違い、くだけた表現なども、多少なら許されるでしょう。

もちろん公的実務文でも、これまでに述べた技術を使えば、ひととおり「分かりやすい文章」を書くことはできます。しかし、せっかくなら公的実務文は、普段着のままではなく、ちょっとは身なりを整えてはいかがでしょうか。

文章が「美しい」のは、芸術文の専売特許ではありません。実務文でも、身なりを整えれば、無駄なく分かりやすく意図を伝達する「機能美」を持つことができるのです。

## ――文章の最終目的を意識する

「とりあえず書く」とは、書きたい内容をすべて書き並べる作業と言っていいでしょう。たとえば組み立てる時計の部品をすべて机の上に並べた段階です。また、目的を達成する文章、つまり、時を表示する時計の組み立てができていません。

推敲とは、机上に置かれた部品の一つ一つを調べ、一個の時計に組み立てる作業です。不足する部品を補い、過剰な部品、無関係な部品を取り除き、各部品を適切な場所に配置しながら一個の時計に組み立てていきます。

この推敲作業を進める上での重要な基準を与えてくれるのが、「文章の目的」を意識し続けることです。書くときも、推敲するときも、「そもそも、何の目的でこの文章を書いてるんだっけ？」と自問し続けることが大切です。

繰り返しますが、本書で言う「分かりやすい文章」とは「目的を達成する文章」でした。文章のすべてが、この「最終目的」を支援しているものでなければなりません。

時計には「時を表示する」という目的があります。すべての部品は、そのための仕事の一部を請け負っています。不足している部品や余分な部品はありません。また「時を表示する」という目的と無関係な部品もありません。

目的を達成する実務文を書くときも、常にその目的を意識して、不足している文、過剰な文、無関係な文のないようにしましょう。

ただし、このように書くと、実務文とは、味も素っ気もない、つまらない文章なのかと勘違いされやすいのですが、そうではありません。

たとえば、親しい人に個人的な頼みごとを書くメールも実務文です。しかし、そこに、読み手が思わずほほえむような雑談が書かれていても、目的と無関係な文とは言えません。読み手の心を和らげ、納得してもらえる心理的下地を作っている、とも考えられるからです。

## ——仕上げのための三つのチェック

推敲は文章をなめらかにする作業です。素人っぽいぎこちなさや読みにくさを取り除き、文章の身なりを整えようというのです。

推敲には以下の三つのチェック・ポイントがあります。

**チェック**

❶ 無駄はないか
❷ 自然な語感か
❸ 丁寧な表現か

これらを仕上げ段階で文章を練り直すときのチェック項目としてください。

## テクニック 16 無駄を削る

### ――無駄の四候補

公式の場で読まれる文章は、無駄を削って、体脂肪率の低いスリムな文章にしなければなりません。削ることができる無駄の候補として、重複語、修飾語、接続詞、語尾の四つがあります。

以下一つずつ見ていきましょう。

## ——重複語

「不要な語」とは、無駄な文字スペースを取っているだけで、センテンスに新しい意味を追加していない語です。「山の中の山中で、馬から落ちて落馬して」は誰もが知っている重複です。

このマンガ的な重複表現を見ても、「自分は、こんなバカな表現をするはずがない」と思うでしょう。しかし、実際は違うのです。

私が日頃、自分で書いている文章の中で、気づかず書いてしまった重複を紹介しましょう。

- **普段の平熱↓平熱**
- **補足説明を追加する↓補足説明する**
- **同様に、コメンテーターが同じミスをすれば↓コメンテーターが同じミスをすれば**
- **たとえば、冬山の登山などが一例です↓たとえば冬の登山などです**
- **まず、第一に↓まず**
- **心の葛藤↓葛藤**
- **両者の意見の合意をみる↓両者の合意をみる**

- **一緒に協力する→協力する**
- **最終結論→結論**
- **再度、繰り返す→繰り返す**
- **夕方、午後六時→午後六時**
- **上に上がる→上がる**
- **ハッキリと明記する→明記する**

一見、「どこが重複？」と思えるものもあって「こんな表現、つい書いてしまいそう」と思えたのではないでしょうか。

## ――過剰な修飾語

修飾語を「削れる候補」として紹介すると、少し意外な印象を持たれるかもしれません。しかし無駄な修飾語は「過剰な部品」であることが多いのです。

名詞や動詞が主に客観的事実を述べるために使用されるのに対し、形容詞や副詞は書き手が「そう感じる」という主観的意見を述べるために使用されることが多いからです。

「重い」か「軽い」かはその人次第

物理学者だった木下是雄氏は、文章を書くときは、「事実」と「意見」を明確に分けて表現することが大切だと説いています。

私たちは、普段、口頭で説明しているとき、このことをあまり明確に意識しません。文章を書くときも、特別に注意を払わなければ「事実か意見か」など気にかけることもありません。

しかし、「目的を達成する文章」「説得力のある文章」を目指す本書の読者は、木下氏の主張に耳を傾ける必要があります。

たとえば「とてもきれいな家」という短い文章にも「事実と意見」が混じっています。

「家」は事実かもしれませんが、形容詞の「きれいな」や副詞の「とても」は、「書き手がそう感じた」という意見に過ぎません。別の人から見れば「きれいな家だけど、それほどでもない」という別の意見を持つかもしれません。また は、同じ家を「汚い家だった」と感じる人もいるかもしれません。
「私は、とてもきれいな家だったと感じました」というのは、「書き手の意見」そのものを伝える文章ですから、「とてもきれいな」という修飾語は削れません。
しかし「書き手の意見」そのものを伝えることが目的でない場合、修飾語は削れることが多いのです。

独身の彼は、去年、二〇年のローンを組んで、とてもきれいな家を買い、かわいいペットといっしょに住んでいます。
↓
独身の彼は、去年、二〇年のローンを組んで家を買い、ペットといっしょに住んでいます。

このセンテンスでは、書き手の意見を伝えることが主目的ではありません。字数制限が厳しい場合など、文意に大きな変化を与えないので「とてもきれいな」や「かわいい」という修飾語を削ることができます。

もちろん、書き手の意見を書くことがすべて悪いと言っているのではありません。字数制限でセンテンスを短くしたい場合や、事実だけを書かなければいけない文章の場合に「この修飾語は削れないだろうか？」と自問して欲しいのです。

センテンスの中では、名詞や動詞は、木の幹です。修飾語は枝や葉である場合が多いのです。庭師のつもりで枝葉を刈り込み、きれいなセンテンスに仕上げてください。

## ――不要な接続詞

不要な接続詞も書いてしまいがちです。不要な接続詞も、一見、仕事をしているように見えて、削れる可能性に気づかないことが多いのです。


通常、私たちの体は、まず食事を消化してエネルギーを得ます。そして、次に脂肪分解酵素リパーゼが体内脂肪を分解し、エネルギーを得ます。つまり、通常は体内脂肪が燃焼するまでには、このようにある程度の時間が必要になります。

←

通常、私たちの体は、まず食事を消化してエネルギーを得ます。次に脂肪分解酵素リパーゼが体内脂肪を分解し、エネルギーを得ます。通常は体内脂肪が燃焼するまでには、このようにある程度の時間が必要になります。

傍点の部分の接続詞を削ってみても、理解の流れに差し障りがありません。このような不要な接続詞は削りましょう。

ただし、接続詞は、センテンスとセンテンスとの関係を明示しています。接続詞を削るかどうかを判断する場合、削って得られるものと、失われるものとを比較しなければなりません。

削って得られるものは、センテンスや文章の短さによる読み手の負担減です。

一方、削って失われるものは、センテンスとセンテンスの関係説明です。

どちらが大きいかによって、削るか削らないかを判断しましょう。

## ――無意味な語尾

センテンスの語尾でも、大した意味を追加しない言葉を使いがちです。削る有力候補です。

かえって分かりにくくなった、というようなことにならないようにしましょう。
←
かえって分かりにくくなった、というような事態は避けましょう。

「事態」とか「避ける」といった硬い表現は、文章を分かりにくくすることもあります。しかしこの例では、軟らかいけれども長い表現より、硬いけれども短い改善例の方が、読みやすくなったはずです。

他にも、語尾のだらだら表現と改善例をいくつか挙げておきましょう。

**投稿することが可能である。↓投稿できる。**
**といえないこともない。↓ともいえる。**
**無駄といってもいいだろう。↓無駄だろう。**
**というように考えました。↓と考えました。**

以上、「無駄な語を削る」という観点から具体的な方法を紹介してきました。

## テクニック 17 自然な語感にする

### ——読んで自然な語順にする

文章を推敲していて、いちばん悩むのは語順ではないでしょうか。とくに「読んで自然な語順」となると、どう判断してよいのやら悩みます。実際に読んでみて、不自然さを感じたら語順を変えてみる、という素朴な試行錯誤を繰り返すのが一般的でしょう。

しかし、この自己流の方法には、何も拠《よ》り所《どころ》とするルールがありません。「理由は分からないが、なんとなく不自然」という自分の勘を頼りにするだけです。何か便利な法則はないのでしょうか。

この点に関して、テクニック⑬（125ページ参照）を思い出してください。本多勝一氏の考えが参考になります。

動詞を含んだ述部を主役と考え、それ以外はすべて述部の「修飾語」と考えるのでした。そして語順に関する原則は次の四つです。

**原則1　強調したい修飾語を先頭に置く**
**原則2　長い修飾語ほど前に置く**
**原則3　概要説明の修飾語ほど前へ置く**
**原則4　節の修飾語は句の修飾語より前に置く**

この原則にしたがって、次の文を分解して考えてみましょう。

> カナダ国立保健研究所は、二三日、動脈硬化になりやすい体質を遺伝子レベルで突き止めたと発表した。

この文章の述部と修飾語は次の通りです。

**述部**　発表した。
**修飾語1**　カナダ国立保健研究所は、

**修飾語2**　二三日、
**修飾語3**　動脈硬化になりやすい体質を遺伝子レベルで突き止めたと

原則1は、「自然な語順」ではなく「書き手の意図」によって決めます。「誰が」を強調したければ、「カナダ国立保健研究所は」という書き出しがよいでしょう。「いつ」を強調したければ、「二三日」と書き出すのがよいでしょう。

とくに強調したい修飾語がない場合は、まず、原則2「長い修飾語の順」に並べてみます。

> 動脈硬化になりやすい体質を遺伝子レベルで突き止めたと、カナダ国立保健研究所が二三日に発表した。

こうしていったん原則的な語順を書いてから、改めて読んで自然な感じかどうかを推敲してください。私にはこの例文は、次ページのように書くほうが自然のように思えます。

動脈硬化になりやすい体質を遺伝子レベルで突き止めたと、二三日にカナダ国立保健研究所が発表した。

語順の四原則は、述部を修飾する場合として紹介しましたが、このうち原則2「長い修飾語ほど前に置く」は、名詞にかかる修飾語の場合にも当てはまります。ただし名詞の修飾語の場合には、文字数とは無関係な原則もあります。それが原則4「節の修飾語は句の修飾語より前に置く」です。

「節」とは、主語と動詞が含まれている語のかたまりです。「句」とは、動詞が含まれていない語のかたまりです。

次の例文を見てください。

×「スポーティーな赤い彼が欲しがっていた車」
○「彼が欲しがっていたスポーティーな赤い車」

「車」には「スポーティーな赤い」という「句」と「彼が欲しがっていた」という「節」の二つ

の修飾語が係っています。

そこで、原則４にそった○のほうが、×の文章より自然な語順です。

原則３の意味は、文字数の長さとは関係ありません。大きな状況説明である「節」を「句」の前に置くという意味です。36ページで紹介した人間が欲する「理解の順序」に一致しているので、原則３の語順は読み手に自然に理解されるのです。

## ――同音を繰り返さない

文章を読む際、近くに「同じ音」があると不快に感じます。読み手に不快感を与えれば、「文章の分かりやすさ」「読みやすさ」にも影響します。

いちばん多いのは、同じ助詞を繰り返してしまうケースです。

> 文章の中で、近くで同音を繰り返すことは避けましょう。
> ←
> 文章を書くときは、近くで同音を繰り返すことは避けましょう。

火星でも地球と同じような活発な地殻変動があったかもしれない。そのことが証明されれば、火星の過去の環境を知る手がかりになるかもしれない。そして、火星の過去の生命の可能性が証明されるかもしれない。

←

火星でも地球と同じような活発な地殻変動があったかもしれない。そのことが証明されれば、火星の過去の環境を知る手がかりになるだろう。そして、火星に過去、生命が存在していたことが証明される可能性もある。

## テクニック 18 丁寧に表現する

### ――敬語を使う

人間が感情のかたまりだからこそ、感情的摩擦を起こすような実務文は不合格です。それを避けるための一つの方法に定型文があると書きました（110ページ参照）。

本書が扱う実務文とは、お硬いビジネス文書に限らず、友人間でのメールのやりとりなど、もっと広い範囲の文章を対象としています。そこで定型表現だけではなく、丁寧に表現するための敬語の一般的な原則を紹介します。

実務文書で敬語を使うのは、読む人に不快感を与えないことが目的です。そこで多少不正確な使い方でも、読む人が不快でなければよしとしたいと思います。

その視点から、実務文の敬語に関して私が勧めたいことは、次の二つの原則しかありません。

**原則1　忘れてしまった基本原則を思い出すこと**
**原則2　敬語を過剰に用いないこと**

とりあえずこの二点を意識して書けば十分でしょう。

### ――敬語の基本原則

丁寧語、尊敬語、謙譲語の三つを、以下のように意識するだけで、自然な敬語が使えます。

## ◆丁寧語

読み手に対する敬意を表すための三種類の丁寧語があります。

**語尾：丁寧に表現するための「です」、「ます」や「ございます」です。過去形は「でした」「ました」「ございました」です。**

**接頭語：丁寧に表現するために名詞の頭に付ける「お」や「ご」などのことです。**

**名詞：普通の名詞「トイレ」を「お手洗い」と表現するような名詞自体の丁寧語です。**

具体的に見てみましょう。

> その殺人犯は京都に潜んでいました。
> 警官に追い詰められてビルに逃げ込んだ殺人犯は、お手洗いに潜んでいました。

この丁寧語「ました」「お手洗い」は、もちろん殺人犯に対する敬意を表したのではなく、読み手に対する敬意を表しているのです。

**◆尊敬語**

主語に対する敬意を表すための動詞表現です。

> 陛下が晩餐会で最初に召し上がったのは、生のトマトだった。

この尊敬語「召し上がった」は、読み手に対する敬意ではなく、主語（陛下）に対する敬意を表したものです。

この例文の語尾「だった」は尊敬語ではないので、書き手が敬意を表す必要がない同僚などに宛てた文書ということになります。

もちろん、読み手と主語の両方に対して敬意を表す文章もあります。

> 先日の晩餐会で、鈴木様が最初に召し上がったオードブルは、当レストランが提供したものでございました。

この例では「召し上がった」は、主語に対する尊敬を表し、「ございました」は、読み手に対する敬意を表す丁寧語です。

### ◆謙譲語

読み手に対する敬意から、書き手自身や書き手の所属先を主語として謙遜する気持ちを表す動詞表現です。

> その企画書は、すでに拝見いたしました。

ここでは主語が省略されていますが、謙譲語が使われているため、主語は書き手自身か所属先であることが分かります。

すなわち丁寧語、謙譲語は「読み手に対する敬意」を表す語であり、尊敬語は「主語に対する敬意」を表す語だとも言えます。

## 過ぎたるはなお及ばざるがごとし

最後に、過剰な敬語は目障りになるので、要注意です。

敬語は相手との関係で使い分けるものです。たとえば一般に目上の人、お客様には丁寧な言い回しが必要になりますが、その人たち自身が正しい敬語の知識を持っているとは限りません。時には「あまりにも丁寧な文章なので、かえって気味悪い」などと言われかねません。

基本を知って、適切に使い分ける心構えだけで十分です。110ページで紹介した定型文も、丁寧な表現の基本といえます。

# 第8章

# 「分かりやすい文章」のためのチェック・リスト

## 素早く伝わる構成になっているか？

- □ 伝えるべき重要ポイントに落ちはないか？
- □ 適当な段落に分かれているか？
- □ 文章の冒頭に主要段落が置かれているか？
- □ 途中の段落は、文章の最終目標を適切に支援しているか？
- □ 文章の目的と無関係で不要な段落はないか？
- □ 最後の段落で文章の最終目標をまとめとして再度、提示できないか？
- □ 各段落の冒頭に主題文が置かれているか？
- □ 各段落の支援文は機能しているか？
- □ 各段落に主題文、支援文以外の不要な文はないか？

## 読む気にさせるレイアウトになっているか？

□ 文字ベッタリで読み手をうんざりさせていないか？
□ 改行や空白行で風通しをよくしているか？
□ 文章内の「かたまり」を見やすく提示しているか？
□ 親子関係・並列関係を見やすく提示しているか？
□ 適当な「かたまり」ごとに見出しを使えないか？
□ 文章に「斜め読み耐性」を持たせたか？

## 説得できる文章か？

- □ その文章全体としての主張、意見は何か？
- □ それを支える根拠は、いくつあり、どれとどれか？
- □ 「二つの弱点」を補強しているか？
- □ 裏づけるデータや事実を提示したか？
- □ 疑り深い読み手を想定しているか？
- □ 用語や説明の難易度に関し、読み手の視点に立っているか？
- □ 特定の知人、友人の読み手を思い浮かべているか？
- □ 読み手の感情に配慮しているか？
- □ 自分の感情にまかせて語調が激しくなっていないか？
- □ 自分の感情にまかせて大袈裟な表現をしていないか？
- □ 適切な比喩を使えないか？

## 趣旨がスムーズに伝わるセンテンスになっているか？

- □ 一センテンスの平均文字数は四〇字以下か？
- □ 「が」などで、センテンスを意味なく引っ張っていないか？
- □ 長い修飾節はセンテンスとして分割できないか？
- □ 意味の区切りで読点を打っているか？
- □ 長い修飾語どうしの境界に読点を打っているか？
- □ 修飾語が逆順のとき読点を打っているか？
- □ 誤解防止に読点や区切り記号を使っているか？
- □ 同等な項目を並列表記しているか？
- □ 複数の節をそれぞれセンテンスに分割できないか？
- □ 何を指しているかが不明な代名詞はないか？
- □ 難解な用語や特殊語、略語は冒頭で説明したか？

□ 否定文が思わぬ意味になっていないか?

□ 程度を表す修飾語の代わりに数値表現できないか?

□ 例を挙げられないか?

□ 大分類名ではなく、小分類名で書けないか?

□ 便利なキーワードを使えないか?

## なめらかな文章になっているか？

- □ もっと削れる語はないか？
- □ 語順は自然か？
- □ 同音の繰り返しは解消したか？
- □ 丁寧に表現しているか？

## 参考文献


秋庭道博著『〝上手い〟といわれる入門文章の技術』大和出版　一九九五年
マイケル・ギルバート著／松尾翼訳『議論に勝つ本』三笠書房　一九九七年
PHPエディターズ・グループ著『100万人の文章表現術』PHP研究所　二〇〇一年
大野晋著『日本語練習帳』岩波新書　一九九九年
大隈秀夫著『うまい文章が書ける本』三笠書房　一九九五年
中村明著『文章力をつける』日本経済新聞社　一九九七年
草野耕一著『説得の論理　3つの技法』日経ビジネス人文庫　二〇〇三年
工藤圭著『図解でよくわかる 上手な文章の書き方が身につく法』明日香出版社　二〇〇二年
樺島忠夫著『文章術』角川書店　二〇〇二年
樋口裕一著『YESと言わせる文章術』青春出版社　二〇〇二年
瀬下恵介著『上手な文章が面白いほど書ける本』中経出版　二〇〇二年
浅野和彦著『文章技術の心得』近代文芸社　一九九六年
本多勝一著『日本語の作文技術』朝日文庫　一九八二年
本多勝一著『実戦・日本語の作文技術』朝日文庫　一九九四年

木下是雄著『理科系の作文技術』中公新書 一九八一年
大隈秀夫著『文章の実習』日本エディタースクール出版部 一九七五年
長尾真著『「わかる」とは何か』岩波新書 二〇〇一年
酒井邦嘉著『言語の脳科学』中公新書 二〇〇二年
大隈秀夫著『分かりやすい日本語の書き方』講談社現代新書 二〇〇三年
山鳥重著『「わかる」とはどういうことか』ちくま新書 二〇〇二年
小野田博一著『論理的に書く方法』日本実業出版社 一九九七年
大隈秀夫著『実例 文章教室』日本エディタースクール出版部 一九八〇年
佐藤理史著『アナロジーによる機械翻訳』共立出版 一九九七年
Larry D.Brouhard 著『Welcome to Technical Writing』日本工業英語協会 一九九〇年
Haller Schwarz 著『How to Look Good on Paper』Perigee Books 一九八八年
William Strunk Jr., E.B.White 著/荒竹三郎訳『英語文章ルールブック』荒竹出版 一九八五年
藤沢晃治著『「分かりやすい表現」の技術』講談社ブルーバックス 一九九九年
藤沢晃治著『「分かりやすい説明」の技術』講談社ブルーバックス 二〇〇二年
藤沢晃治著『電車で覚えるビジネス英文作成術』日経ビジネス人文庫 二〇〇四年

N.D.C.816　185p　18cm

ブルーバックス　B-2287

「分《わ》かりやすい文章《ぶんしょう》」の技術《ぎじゅつ》　新装版《しんそうばん》

読み手を説得する18のテクニック

2025年4月20日　第1刷発行

著者　藤沢晃治《ふじさわこうじ》

発行者　篠木和久

発行所　株式会社講談社

〒112-8001 東京都文京区音羽2-12-21

電話　出版　03-5395-3524

販売　03-5395-5817

業務　03-5395-3615

印刷所　（本文印刷）株式会社ＫＰＳプロダクツ

（カバー表紙印刷）信毎書籍印刷株式会社

本文データ制作　講談社デジタル製作

製本所　株式会社国宝社

定価はカバーに表示してあります。



ISBN978-4-06-538630-9

発刊のことば

# 科学をあなたのポケットに

二十世紀最大の特色は、それが科学時代であるということです。科学は日に日に進歩を続け、止まるところを知りません。ひと昔前の夢物語もどんどん現実化しており、今やわれわれの生活のすべてが、科学によってゆり動かされているといっても過言ではないでしょう。

そのような背景を考えれば、学者や学生はもちろん、産業人も、セールスマンも、ジャーナリストも、家庭の主婦も、みんなが科学を知らなければ、時代の流れに逆らうことになるでしょう。

ブルーバックス発刊の意義と必然性はそこにあります。このシリーズは、読む人に科学的に物を考える習慣と、科学的に物を見る目を養っていただくことを最大の目標にしています。そのためには、単に原理や法則の解説に終始するのではなくて、政治や経済など、社会科学や人文科学にも関連させて、広い視野から問題を追究していきます。科学はむずかしいという先入観を改める表現と構成、それも類書にないブルーバックスの特色であると信じます。

一九六三年九月　　野間省一

# ブルーバックス　技術・工学関係書（I）

495 人間工学からの発想　小原二郎
911 電気とはなにか　室岡義広
1084 図解　わかる電子回路　加藤 肇／見城尚志／高橋 久
1128 原子爆弾　山田克哉
1236 図解　飛行機のメカニズム　柳生 一
1346 図解　ヘリコプター　鈴木英夫
1396 制御工学の考え方　木村英紀
1452 流れのふしぎ　石綿良三／根本光正＝著　日本機械学会＝編
1469 量子コンピュータ　竹内繁樹
1483 新しい物性物理　伊達宗行
1520 図解　鉄道の科学　宮本昌幸
1545 高校数学でわかる半導体の原理　竹内 淳
1553 図解　つくる電子回路　加藤ただし
1573 手作りラジオ工作入門　西田和明
1624 コンクリートなんでも小事典　土木学会関西支部＝編　井上 晋 他
1660 図解　電車のメカニズム　宮本昌幸＝編著
1676 図解　橋の科学　土木学会関西支部＝編　田中輝彦／渡邊英一 他
1696 ジェット・エンジンの仕組み　吉中 司
1717 図解　地下鉄の科学　川辺謙一
1797 古代日本の超技術　改訂新版　志村史夫
1817 東京鉄道遺産　小野田 滋
1845 古代世界の超技術　志村史夫
1866 暗号が通貨《カネ》になる「ビットコイン」のからくり　吉本佳生／西田宗千佳
1871 アンテナの仕組み　小暮裕明／小暮芳江
1879 火薬のはなし　松永猛裕
1887 小惑星探査機「はやぶさ2」の大挑戦　山根一眞
1909 飛行機事故はなぜなくならないのか　青木謙知
1938 門田先生の3Dプリンタ入門　門田和雄
1940 すごいぞ！ 身のまわりの表面科学　日本表面科学会
1948 すごい家電　西田宗千佳
1950 実例で学ぶRaspberry Pi電子工作　金丸隆志
1959 図解　燃料電池自動車のメカニズム　川辺謙一
1963 交流のしくみ　森本雅之
1968 脳・心・人工知能　甘利俊一
1970 高校数学でわかる光とレンズ　竹内 淳
2001 人工知能はいかにして強くなるのか？　小野田博一
2017 人はどのように鉄を作ってきたか　永田和宏
2035 現代暗号入門　神永正博
2038 城の科学　萩原さちこ
2041 時計の科学　織田一朗
2052 カラー図解 Raspberry Piではじめる機械学習　金丸隆志

ブルーバックス　技術・工学関係書（II）

## ブルーバックス　パズル・クイズ関係書

## ブルーバックス　事典・辞典・図鑑関係書